# Lázaro Droznes

# BERGMAN & LIV

## Cartas de amor
## Love letters

Versión bilingue español-inglés
**Spanish-English bilingual version**

Published by UNITEXTO

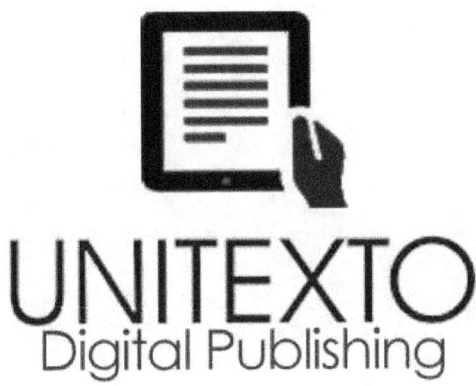

# INGMAR & LIV
## Cartas de amor
## Love letters

*El escenario tiene dos mesas iguales con 2 lámparas apoyadas en las mesas. La luz de las lámparas es la única iluminación de la escena. Ilumina a los personajes y los papeles que deben ser leídos en el transcurso de la obra. Ingresan Ingmar Bergman y Liv Ullman de ambos costados del escenario con una carpeta en la mano. Bergman está vestido con smoking y zapatos de charol negro brillante. Ullman está arreglada de fiesta, con un vestido largo, peinado elaborado y joyas en el cuello y los brazos. Saludan al público, abren la carpeta con papeles adentro, la apoyan en la mesa, se sientan y empiezan a leer.*

**The stage has two identical tables with 2 lamps resting on the tables. The light from the lamps is the only lighting in the scene. It illuminates the characters and the letters that must be read during the course of the play. Ingmar Bergman and Liv Ullman enter from either side of the stage with a folder in hand. Bergman is dressed in a tuxedo and shiny black patent leather shoes. Ullman is dressed to the nines, with a long dress, elaborate hairdo, and jewelry around her neck and arms. They greet the audience, open the folder with papers inside, put it on the table, sit down and start reading.**

**ULLMAN**
Ingmar, ya no pertenecés más a mi vida. Esto es un hecho y nada puede cambiarlo. Por fin soy ahora yo misma. En contacto con mi propia alma. Todo esto puede pasar en mí porque vos ya no estás. Estoy de vuelta en Noruega, luego de haber compartido 5 años en Faro contigo. Es invierno. Todo es muy difícil. Sin embargo todo lo que dejé me estaba esperando como si nunca me hubiera ido. A la noche me tiro en mi vieja cama como si nada hubiera ocurrido. Y

pienso en nosotros y en nuestra vida que compartimos estos 5 años. Pienso en ese verano en que me sentí la primera mujer en la historia de la Humanidad que amaba y era amada. Me sentía única.

**Ingmar, you no longer belong in my life. This is a fact and nothing can change it. I'm finally myself now. In contact with my own soul. All this can happen to me because you are no longer here. I'm back in Norway, after having shared 5 years in Faro with you. It is winter. Everything is very difficult. However, everything I left behind was waiting for me as if I had never left. At night I lie down in my old bed as if nothing had happened. And I think about us and our life that we shared these 5 years. I think about that summer when I felt like the first woman in the history of humanity who loved and was loved. I felt unique.**

**BERGMAN**
Ese verano que hicimos "Persona" en la isla fuiste un torbellino que entró en mi vida. Perdí todo sentido de la realidad. Dejé de lado la inteligencia y la razón. La música de tus palabras encendía directamente mis emociones. Dijeras lo que dijeras.

**That summer we did "Persona" on the Island, you were a whirlwind that entered my life. I lost all sense of reality. I put aside intelligence and reason. The music of your words directly ignited my emotions. Whatever you said.**

**ULLMAN**
Ese verano de pronto se fue el miedo y apareció el amor. Con un hombre 20 años mayor. Yo, una mujer casada, con un matrimonio feliz, me había enamorado de otro hombre. Casi sin darme cuenta. Empecé a vivir entre suaves paredes de sol y de pasión. Fue la felicidad. Como en ningún otro

verano de mi vida. Pero empezó el invierno. Me quedé embarazada. La tuvimos a Linn. Mi seguridad se redujo a vivir como vos querías vivir. Vivir de esa manera era la única manera de que vos tenías de sentir seguridad. Y si vos estabas seguro, yo me sentía segura. Si yo me sentía amada, me sentía segura. Pero no podía durar mucho. Dos personas no pueden ser una.

**That summer, suddenly my fear went away and love appeared instead. I, a married woman, with a happy marriage, had fallen in love with a 20 years older man. Almost without realizing it. I began to live between soft walls of sun and passion. It was happiness. Like no other summer in my life. But winter began. I got pregnant. We had Linn. My security was reduced to living how you wanted me to live. Living that way was the only way you could feel safe. And if you were safe, I felt safe. If I felt loved, I felt safe. But it couldn't last long. Two people cannot be one.**

**BERGMAN**
Tratamos de ser una única persona en todos esos años que vivimos juntos, que fueron fueron como vivir en una montaña rusa. Fueron mis demonios los que ocuparon la escena. Hemos llegado a hacer el amor con odio. Y practicar el odio con amor. Aunque seamos tan lúcido como lo somos, no podemos coexistir. Las velas de la mesa arden titubeantes. La cera se escurre. Era hora de separarse.

**We tried to be one person in all those years we lived together, which were like a roller coaster. My demons took over the scene. We have come to make love with hate. And practice hate with love. Even if we were as lucid as we are, we couldn´t coexist. The candles on the table burn hesitantly. The wax drains away. It was time to part ways.**

7

**ULLMAN**

Las velas ardieron ¡Y cómo! Siento que malogramos nuestra oportunidad de alcanzar la armonía y la capacidad creadora. Al final quería que lo nuestro terminara, pero no sabía cómo hacerlo. En cada pelea entraba en pánico y lloraba como si alguno de los dos hubiese muerto. Vivíamos como enemigos y cada uno destruía los actos y las palabras del otro.

**The candles burned and how they did! I feel that we missed our golden opportunity to achieve harmony and creative capacity. In the end I wanted our relationship to end, but I didn't know how to do it. In every fight I panicked and cried as if one of us had died. We lived as enemies and each one destroyed the actions and words of the other.**

**BERGMAN**

Tengo facilidad para comprender a un actriz pero no a la mujer que hay detrás. Podría haber estirado tus manos hacia ti y decir: "No tengas miedo, Liv. No voy a hacerte daño. Te amo" Pero no pude. Nuestro amor empezó a ser una repetición. Como las malas funciones de teatro. No pudimos aprender el mecanismo de la viva, la palpitante repetición. La misma función cada día, y sin embargo recién nacida. Por cierto ¿cómo aprender ese *rubato* permitido, instantáneo, que es tan necesario para que una representación no se convierta en rutina muerta o en insoportable obstinación? Nunca pudimos aprender el secreto. Nuestras escenas se convirtieron en una insoportable repetición. Una eterna obstinación.

**"I have the ability to understand an actress but not the woman behind her. I could have reached out my hands to you and said, 'Don't be afraid, Liv. I won't hurt you. I love you.' But I couldn't. Our love began to become repetitive. Like bad performances in theater. We**

couldn't learn the mechanism of the living, throbbing repetition, the same performance every day, yet newly born. By the way, how can one learn that permitted, instantaneous *rubato*, so necessary to prevent a performance from becoming a dead routine or unbearable obstinacy? We could never learn the secret. Our scenes turned into unbearable repetition. An eternal obstinacy.

**ULLMAN**
Me aferraba obstinadamente a nuestra relación destructiva para no verme enfrentada al dolor. El dolor de sentir como la carne de mi carne me era arrancada a jirones. Pero no podía tampoco seguir así. No podía dejar que ser una persona definida por vos. Hay una niña en mí, es cierto. Pero aún así soy yo quien debo decidir mi vida. Quiero que mis raíces estén ancladas dentro de mí. No afuera. No en otra persona. No en vos.

I stubbornly clung to our destructive relationship, so I would not to face my pain. The pain of feeling how the flesh of my flesh was being torn to shreds. But I couldn't continue like this either. I couldn't let myself to be a person defined by you. There is a little girl in me, it's true. But still, I am the one who must decide my life. I want my roots to be anchored within me. Not outside. Not in another person. Not in you.

**BERGMAN**
Todavía siento esas raíces dentro de mí. Así como mis películas intentan sacudir a los espectadores, sacarlos de su zona de confort, darle un golpe en la espina dorsal, así entraste vos en mi vida. Nada volvió a ser lo que era. Las tensiones, los malentendidos, la ternura, el contacto, tocar y ser tocado, la separación y lo que sucede después. La inseguridad se hizo dueña de mi vida y el demonio de los

9

celos se apoderó de mí. Nunca obtenía lo suficiente de vos. Era desesperante.

**I still feel those roots within me. Just as my films try to shake the audience, take them out of their comfort zone, hit them in the spine, that's how you entered my life. Nothing was ever again the same. The tensions, the misunderstandings, the tenderness, the contact, the touching and being touched, the separation and what happens next. Insecurity took over my life and the demon of jealousy took over me. I never got enough from you. It was exasperating.**

**ULLMAN**
Así me sentía yo. Siempre en falta. Siempre con mala conciencia. Quiero amar, pero no quiero tu amor. Porque tu amor es dependencia. Debo aceptar que el dolor y la soledad son inevitables y que representan una parte de mi vida. Te abandono porque no me reconocés. Te abandono porque no quiero hacer esfuerzos para ser lo que no soy. Te abandono porque voy a ser yo y vivir mi vida del modo que me parezca más acertado. Te abandono porque quiero hacerme responsable de lo que siento, de lo que sé y de lo que comprendo.

**That's how I felt. Always in debt. Always with a bad conscience. I want to love, but I don't want your love. Because your love is dependence. I must accept that pain and loneliness are inevitable and that they represent a part of my life. I abandon you because you don't recognize me. I abandon you because I don't want to make efforts to be somebody I'm not. I abandon you because I am going to be what I am and live my life in the way that seems most appropriate to me. I abandon you because I want to take responsibility for what I feel, what I know and what I understand.**

**BERGMAN**

Responsabilidad y libertad vienen juntos. Cuando vivía de niño con mis padres no teníamos idea de que había algo que se llamaba libertad. Quizás por eso aceptamos tan pasivamente a los nazis. El castigo eran azotes en la espalda o quedar encerrado en un ropero en total oscuridad. Después debía besar la mano de mi padre, recibir el perdón, sentir que la opresión de haber pecado eran reemplazados por la liberación y finalmente ir a dormir sin cena y sin lectura. Mis demonios entraron en mi durante mi infancia. Toda mi educación estuvo basada en el pecado. Confesión. Castigo. Perdón. Misericordia. Los demonios de mis celos retrospectivos nos envenenaron... me envenenaron. Celos por haber tenido una vida antes de conocerme. Es así como me sentía. Sé que es absurdo y loco, pero no lo pude evitar.

**Responsibility and freedom come together. When I lived as a child with my parents we had no idea that there was something called freedom. Maybe that's why we accepted the Nazis so passively. The punishment was whipping on the back or being locked in a closet in total darkness. Then I had to kiss my father's hand. Receiving forgiveness, feeling that the oppression of having sinned was replaced by liberation and finally going to sleep without dinner or reading. My demons entered me during my childhood. My entire education was based on sin. Confession. Punishment. Atonement. Mercy. The demons of my retrospective jealousy poisoned us... poisoned me. Jealousy because you had a life before meeting me. That's how I felt. I know it's absurd and crazy, but I couldn't help it.**

**ULLMAN**

Los celos y todo lo que he vivido en tus películas lo he vivido también como realidad. He sufrido en tus películas tanto como en la vida real. No puedo distinguir la diferencia.

Te debo tantas vidas, Ingmar! Pero ahora quiero la mía de vuelta.

**Jealousy and everything I have experienced in your films I have also experienced in the real world. I have suffered in your movies as much as in real life. I can't tell the difference. I owe you so many lives, Ingmar! But now I want mine back.**

### BERGMAN

He ofendido a Dios al reemplazar tu nombre por el nombre del Diablo en nuestras relaciones. El Diablo no nos puede bendecir ni proteger. Soy un hombre tomado por sus demonios. El demonio del miedo. El demonio de la ira. El demonio del desastre. El demonio del orden. El demonio de la puntualidad. Contigo descubrí un nuevo demonio que no sabía que tenía: el demonio de los celos. El demonio de los celos llegó en el momento más inapropiado y creó pánico y terror...A veces las orquídeas crecen en los cementerios.

**I have offended God by replacing your name with the name of the Devil in our relationships. The Devil cannot bless or protect us. I am a man taken by his demons. The demon of fear. The demon of anger. The demon of disaster. The demon of order. The demon of punctuality. With you I discovered a new demon that I didn't know I had: the demon of jealousy. The demon of jealousy arrived at the most inappropriate time and created panic and terror...Sometimes orchids grow in cemeteries.**

### ULLMAN

Las orquídeas han dejado ya el cementerio y están en la calle. De pronto todo lo nuestro, tan privado, tan íntimo se ha hecho totalmente público.. Nuestro sufrimiento está expuesto en todo el mundo en los diarios, las revistas y la televisión. Me agotó el bombardeo de los medios. Compartir

mis sentimientos , mis sufrimientos con todo el mundo es
una agonía. Una agonía sumada a la otra. Como lamento no
haber podido sufrir en privado Supongo que es el precio de
tener el oficio que tenemos. No tenemos vida privada.
Nuestro sufrimiento y nuestra intimidad son públicos.

**The orchids have already left the cemetery and are in
the street. Suddenly everything about us, so private, so
intimate, has become totally public. Our suffering is
exposed all over the world in newspapers, magazines
and television. The media bombardment exhausted me.
Sharing my feelings, my sufferings with everyone is
agony. One agony added to the other. Layer upon layer.
I regret not having been able to suffer in private and
suppose that is the price of having the job we have. We
have no private life. Our suffering and our intimacy are
public.**

**BERGMAN**
Así es nuestro oficio. Hacer público lo que es privado.
Estimada Liv, no sólo te veo en las revistas, diarios y
noticieros de televisión. Te siento en todas partes, en la luz
de la ventana, en la puerta del baño, en la cama, en la silla.
Duele verte al otro lado de la ventana. Pido que estés
conmigo. Mi corazón te extraña, cuando no siento tu piel
contra mi cuerpo. Deseo abrazarte y encontrarme contigo,
con tu femineidad y con tu ternura. Esta isla sin ti se ha
convertido en un infierno.

**This is our job. Making public what is private. Dear Liv,
I don't just see you in magazines, newspapers and
television news. I feel you everywhere, in the window
light, on the bathroom door, in the bed, in the chair. It
hurts to see you on the other side of the window. I ask
that you to stand by me. My heart misses you, when I
don't feel your skin against my body. I want to hug you**

**and meet you, your femininity and your tenderness. This island without you has become hell.**

**ULLMAN**

Te extraño, y te extrañaré. Me falta la calidez de tu abrazo, la tibieza de tu cuerpo y la certeza de que al volver a casa me estarás esperando. Te extraño por todas las razones equivocadas. Lloro cada noche y quiero volver. Pero no lo haré. Ya no serás mi refugio, el sustento de mi auto estima y la fuente de mi orgullo, Te pido que no me vengas a buscar. Que no me busques. En esos 5 años de convivencia yo fui Nora bailando la tarantela alrededor tuyo. Siempre pensando en dar un portazo pero sin poder tomar la decisión final. No intentes poner esa música nuevamente. No estaré ahí para bailarte.

**I miss you, and I will miss you. I miss the warmth of your hug, the warmth of your body and the certainty that when I return home you will be waiting for me. I miss you for all the wrong reasons. I cry every night and I want to go back. But I will not. You will no longer be my refuge, the support of my self-esteem and the source of my pride. I ask you not to come looking for me. Don't look for me. In those 5 years of living together I was Nora dancing the tarantella around you. Always thinking about slamming the door but unable to make the final decision. Don't try to play that music again. I won't be there to dance for you.**

**BERGMAN**

Cada día me siento tentado de poner esa música. Aun cuando sé que no debo. Es la soledad que me aprieta y me sofoca. Me concentro en mis rutinas, absoluta y fanáticamente, y logro salir adelante. ¡No quiero más esta tarantela en mi vidal. No por lo menos bailada por vos.

Every day I feel tempted to play that music. Even
though I know I shouldn't. It is the loneliness that
squeezes me and suffocates me. I focus on my routines,
absolutely and fanatically, and I manage to get through
it. I don't want this tarantella in my life anymore. Not at
least danced by you.

## LIV ULLMAN

Cuando llegué al Aeropuerto vi un grupo de gente en el
aeropuerto con carteles pensé: "Debe ser una protesta
contra Vietnam o algo así" Así que tengo que participar
también...pero ¿cómo podía yo imaginar?" Los que llevaban
los carteles eran mis amigos, mis colegas Harriet Anderson,
Gunnel Lindblom, Bibi Andersson. Todas con las que había
trabajado en Suecia. Estaban allí en el aeropuerto, con un
cartel: "Bienvenido a casa, Liv! Tú eres nuestra sueca!¡Te
queremos, Liv!"Y luego nos fuimos todos a la casa de Bibi, a
tumbarse en el suelo, beber vino tinto y hablar sobre el
amor perdido y todo lo que habíamos vivido. Realmente fue
una tarde-noche perfecta, maravillosa. Somos como un club
de actrices ex mujeres de Bergman. Espero por tu salud
mental y por la nuestra que no sigas agregando más socias a
ese distinguido club. Estaba tirada en el piso con aquellas
mujeres hablando de amor y aprendiendo a vivir sin
Ingmar.

When I arrived at the airport, I saw a group of people at
the airport with huge placards, I thought: "It must be a
protest against Vietnam or something." So, I have to
participate too...But how could I imagine?" The ones
carrying the signs were my friends, my colleagues
Harriet Anderson, Gunnel Lindblom, Bibi Andersson.
Everyone I had worked with in Sweden. They were
there at the airport, holding a huge sign: "Welcome
home, Liv! You are our Swedish! We love you, Liv!" And
then we all went to Bibi's house, to lie on the floor,
drink red wine and talk about lost love and everything

we had experienced. It really was a perfect, wonderful evening. We were like a club of actresses of ex-Bergman's wives. I hope for your mental health and for ours that you do not continue adding more members to that distinguished club. I was lying on the floor with those women talking about love and learning to live without Ingmar.

## BERGMAN

Club de ex mujeres de Bergman. Qué lindo tema para una comedia... pero debo dejar atrás esa etapa de mi vida. No es posible ya seguir viviendo así. Estoy dominado por una sexualidad que me obliga a incesantes infidelidades y acciones compulsivas, torturado constantemente por el deseo, el miedo, la angustia y la mala conciencia. Acosado por la pulsión a la infidelidad que no me deja en paz. Mis demonios deben quedar atrás.

Bergman's Ex-Wives Club. What a nice theme for a comedy... but I must leave that stage of my life behind. It is no longer possible to continue living like this. I am dominated by a sexuality that forces me to non-stoping infidelities and compulsive actions, constantly tortured by desire, fear, anguish and a bad conscience. Harassed by the drive to infidelity that does not leave me alone. My demons must be left behind.

## ULLMAN

Tus demonios se hicieron los míos. Tal vez nuestro amor se dio por la soledad que ambos sentíamos. Tu necesidad de intimidad era insaciable. Tu necesidad que se convirtió en vital para mí. Sembramos una especie de revolución el uno en el otro. Nos abrimos el uno al otro por completo no sólo física y sexualmente, sino como seres humanos. Unidos en una forma secreta, nos entrelazamos. Me llevo tantos recuerdos de la isla. Mis mejores amigos los conocí en la isla. El encuentro contigo me cambió la vida. Yo era muy tímida y estaba muy asustada. Eras mucho mayor que yo. Más de 20 años Un gran director, una persona increíblemente creativa, Cada vez que llegabas yo me ponía a llorar. De los nervios. Te tenía miedo. Miedo de no poder estar a la altura de tus expectativas. Ahora todo eso quedó atrás. Ahora vuelvo al teatro. A mi primer amor. Un amor que no tiene celos ni se deja abordar por demonios.

**Your demons became mine. Maybe our love came about because of the loneliness we both felt. Your need for intimacy was insatiable. Your need became vital to me. We sowed a kind of revolution in each other. We opened ourselves completely to each other, not only physically and sexually, but as human beings. our lives were intricately woven together. I keep so many memories from the island. I met my best friends. Meeting you changed my life. I was very shy and very scared. You were much older than me. More than 20 years A great director, an incredibly creative person, every time you arrived, I would start crying. Out of nerves. I was afraid of you. Fear of not being able to live up to your expectations. Now all that is behind us. Now I'm going back to the theater, back to my first love. A love that is not jealous nor does it allow itself to be approached by demons.**

### BERGMAN
Volver al teatro es una buena decisión. El teatro es como una esposa, fiel y constante. El cine es como una amante, costosa y cambiante.

**Goin back to the theater is a good decision. The theater is like a wife, faithful and steady. Cinema is a capricious lover, costly and ever-changing.**

### ULLMAN
Bien...te lo digo con las palabras de Nora en "Casa de

Muñecas": "No sé qué me va a pasar. No sé a dónde voy. Sólo sé que no puedo preocuparme por lo que otros dicen... Tengo que encontrar mi manera " Yo soy Nora ahora. Es difícil dejar a alguien que una vez amé y que quizás todavía amo. Alejarse de un mundo conocido para entrar en uno nuevo y extraño, sin saber lo que nos espera detrás de la puerta. El personaje de una ficción se ha convertido en mi realidad como acto de magia.

**Well...I'll say it with the words of Nora in "A Doll's House": "I don't know what's going to happen to me. I don't know where I'm going. I just know that I can't worry about what others say... I have to find my way." I am Nora now. It's hard to leave someone I once loved and perhaps still love. Moving away from a known world to enter a new and strange one, not knowing what awaits behind the door. A fictional character has become my reality, just like an act of magic.**

**BERGMAN**
Cuando te fuiste entré en otro mundo yo también. Entendí que la soledad libremente elegida es tolerable. Me atrincheré en la isla y establecí un programa de vida minucioso: me levanto temprano, paseo, trabajo, leo. A las cinco viene una vecina, me hace la cena, limpia y se marcha. A las siete vuelvo a quedarme solo. Tengo motivos para desmontar la maquinaria y volver a montarla. Estoy descontento de mis últimas películas y de mis trabajos teatrales. Los sueños pueden convertirse en realidad y la realidad puede convertirse en sueño. Mi tarea ahora es conseguir moverme entre sueño y la realidad.

**When you left, I too entered another world. I understood that freely chosen solitude is tolerable. I barricaded myself on the island and established a meticulous life schedule: I get up early, walk, work, read. At five o'clock a neighbor comes, makes me**

dinner, cleans and leaves. At seven I am alone again. I have reasons to dismantle the machinery and reassemble it. I am dissatisfied with my latest films and my theater works. Dreams can become reality and reality can become a dream. My task now is to move between dream and reality.

**ULLMAN**
En mi nueva realidad, una de las principales diferencias es que cuando las canillas gotean y los fusibles se queman. Tengo que arreglar todo yo. Cuando consigo que algo vuelva a funcionar, me pongo muy orgullosa y muy contenta. Es increíble que uno pueda ser feliz porque arregló un cortocircuito. Luego de tanta búsqueda metafísica, de tantas interrogaciones al alma y a Dios, es maravilloso poder encontrarse un instante de felicidad consiguiendo que una canilla deje de gotear. En nuestro sueño compartido la realidad es que no podíamos seguir. Vos representaba todo lo que yo quería dejar atrás. Básicamente mi vulnerabilidad. En el espejo de nuestra relación vos me repetías incansablemente lo que yo quería olvidar. Probablemente a vos te pasaba lo mismo. Somos tan parecidos que no podíamos estar juntos. Yo hubiera cambiado, hubiera hecho cualquier cosa para quedarme contigo, tanto te quería. Pero nunca me lo pediste y nunca me di cuenta de lo que debía hacer.

In my new real life, one of the main differences is that when faucets leak and fuses blow, I have to fix everything myself. When I get something working again, I am very proud and very happy. It's amazing to be happy just because you fixed a short circuit. After so much metaphysical searching, so many questions about the soul and about God, it is wonderful to be able to find a moment of happiness by making a faucet stop dripping. In our shared dream, the fact was that we could not continue together. You represented everything I wanted to leave behind. Basically, my vulnerability. In the mirror of our relationship, you tirelessly repeated to me what I wanted to forget. The same thing probably happened to you. We are so similar that we couldn't be together. I would have changed, I would have done anything to stay with you, I loved you so much. But you never asked me and I never realized what I should do.

**BERGMAN**
Yo tampoco sabía. Y lo que sabía no podía. Nuestro amor fue el encuentro de dos solitarios. Dos náufragos que necesitaban del otro para no hundirse. El hambre de nuestra mutua compañía se hizo insaciable. Cuanto más teníamos, más queríamos. Era una necesidad que no podíamos satisfacer. Un requerimiento vital. En las historias siempre trato de mostrar lo blanco y también lo negro. Mostrar la sonrisa pero también la mueca que esconde. La alegría que esconde la tristeza pronta a ocupar su lugar. Explorar el contrario, la contra emoción, el contra movimiento. Si hubiésemos podido hacer eso mismo con nuestras vidas y con nuestra relación, quizás el final hubiera sido distinto. Quizás no hubiera habido final... Siempre has sido mi Stradivarius. ¿Cómo podrá resignarme a perderte? Quisiera conservarte aunque sea como actriz. ¿Aceptarías trabajar conmigo en una próxima película?

**I didn't know either. And what I knew I couldn't do. Our love was the meeting of two lonely people. Two castaways who needed each other not to sink. The hunger for our mutual company became insatiable. The more we had, the more we wanted. It was a need we could not satisfy. A vital requirement. In the stories I always try to show the white and also the black. Show the smile but also the grimace it hides. The joy that hides the sadness ready to take its place. Explore the opposite, the counter emotion, the counter movement.**

20

**If we had been able to do the same with our lives and
with our relationship, perhaps the ending would have
been different. Maybe there would have been no end...
You have always been my Stradivarius. How can I
resign myself to losing you? I would like to keep you as
an actress. Would you agree to work with me on an
upcoming film?**

## ULLMAN

No lo sé todavía. Quizás necesite más tiempo. Todavía
recuerdo aquel primer invierno frío y oscuro con árboles
descoloridos. Te encerraste en tu habitación, escribiendo
tus obras maestras y escuchando música. Luego me metiste
en un armario......y cerraste la puerta. Estaba oscuro y
solitario. Yo estaba muy asustada. Yo daba golpes y patadas
gritaba. Pero nadie venía a ayudarme. Sólo yo podía
rescatarme. Y lo hice. Tuve que dejar jirones de mi carne y
de mi espíritu. Pero debía hacerlo. Estaba en juego mi vida.
Cuando construiste el muro alrededor de la casa para evitar
a los curiosos, también lo construiste rodeando nuestra
relación. Todos quedaron afuera. Familiares, amigos,
amigas, todos tus demonios aparecieron en tus celos
violentos. Descubrí con terror que sólo te tenía a vos. Así
como pusiste límites a mi libertad para sentirme segura
puse límites a la tuya. Ninguno de los dos pudo soportarlo.

**I do not know yet. Maybe I need more time. I still
remember that first cold, dark winter with discolored
trees. You locked yourself in your room, writing your
master pieces and listening to music. Then you put me
in a closet...and closed the door. It was dark and lonely.
I was very scared. I hit and kicked and screamed. But no
one came to help me. Only I could rescue myself. And I
did it. I was leaving shreds of my flesh and my spirit.
But I had to do it. My life was at stake. When you built
the wall around the house to keep out curious people,
you also built it around our relationship. Everyone was**

left outside. Family, friends, and all your demons appeared in your violent jealousy. I discovered with terror that I only had you. Just as you set limits on my freedom to feel safe, I set limits on yours. Neither of them could stand it.

## BERGMAN

Querida Liv, repaso en esta soledad las incontables escenas de nuestra vida compartida. He sido insoportable muchas veces y tengo que pedir disculpas, aunque sea tarde.

**Dear Liv, in this solitude I review the countless scenes of our shared life. I have been unbearable many times and I have to apologize, even if it is late.**

## ULLMAN

Recién ahora mi cuerpo logró olvidarte. El verdadero olvido empieza cuando el cuerpo logra olvidar. Me gustaría seguir siendo actriz en tu películas. Pero no todavía. Todavía no estamos preparados para ser amigos. Sigo conectada con mis recuerdos. ¡Sigo aún fascinada por nuestro primer verano en la isla!. Yo te experimentaba, vos me experimentabas. Te descubría, me descubrías. Te exploraba, me explorabas. Todo en silencio. No había necesidad de hablar. No había exigencias. No sentíamos miedo. En nuestros paseos por la playa caminaba sobre la arena tan fina que mis pies parecían respirar a través de ella. Vivía protegía por suaves murallas de luz, sol, deseo y felicidad.

**Only now my body managed to forget you. True forgetting begins when the body is able to forget. I would like to continue being an actress in your films. But not yet. We're not ready to be friends yet. I'm still connected to my memories. I'm still fascinated by our first summer on the island! I experienced you; you experienced me. I discovered you; you discovered me. I explored you; you explored me. Everything in silence.**

**There was no need to speak. There were no demands. We didn't feel afraid. On our walks on the beach, I walked on sand so fine that my feet seemed to breathe through it. I lived protected by soft walls of light, sun, desire and happiness.**

## BERGMAN

Recuerdo una escena en  la filmación de "La vergüenza", cuando estábamos haciendo la escena en el bote salvavidas. Hacía mucho frío: 20 grados bajo cero. Yo estaba vestido con un anorak sobre otro...Nos tuvimos que quedar en el barco y no había tiempo para descansos. Vos tenías que parecer muerta de frío en la escena y estabas sólo vestida con una remera fina. Estabas realmente muerta de frío. Estaba enojado contigo ese día y mi comportamiento fue cruel, muy cruel hacia contigo. Un especie de venganza por parte del director por un resentimiento que tenía tu esposo. Un abuso de mi posición. Te hacía obedecer como actriz lo que no podía lograr como marido. Pero simplemente me acerque y te dije "Muy buena escena". "Todo fue genial". El daño que te hice fue a la mujer. No a la actriz. Amo a los actores. Nunca podría hacerles daño.

**I remember a scene in the filming of "Shame," when we were doing the scene in the lifeboat. It was very cold: 20 degrees below zero. I was dressed in one anorak over another...We had to stay on the boat and there was no time for breaks. You had to look frozen to death in the scene and you were only dressed in a thin T-shirt. You were really cold to death. I was angry with you that day and my behavior was cruel, very cruel towards you. A kind of revenge on the part of the director for a resentment I had as a husband. An abuse of my position, my power. I made you obey as an actress what I couldn't achieve as a husband. But I just approached you and said, "Very good scene." "Everything was**

great". The harm I did to you was to the woman. Not to the actress. I love actors. I could never hurt them.

## ULLMAN

Ingmar, como estabas enojado conmigo ese día. No entendía por qué teníamos que quedarnos ahí con ése frío. Fuiste cruel conmigo. Sí, por un tiempo fue muy cruel ¡Yo te odiaba tanto! Todo el tiempo pensaba... "Te dejaré". Apenas pueda te dejaré". En otra escena yo tenía que quedarme mirando el fuego. Me dijiste "Liv más cerca" Me puse lo más cerca que pude. Me dijiste entonces "¡Liv, te dije que te pusieras más cerca!" Como actriz hago lo que el director manda. Me acerqué un poco más. Ahora podía sentir las llamas, en las mejillas. Sentí que me estaba quemando... ¿Cómo pudiste ser tan cruel con tu mujer y con tu actriz?

Ingmar, how angry you were with me that day! I didn't understand why we had to stay there in that cold. You were cruel to me. Yes, for a while, very cruel. I hated you so much.! All the time I thought... "I'll leave you. As soon as I can I'll leave you". In another scene I had to stare at the fire. You told me "Liv closer." I got as close as I could. You then told me, "Liv, I told you to get closer!" As an actress I do what the director tells me. I got a little closer. I could feel the flames on my cheeks. I felt like I was burning... How could you be so cruel to your wife and your actress?

## BERGMAN

Recuerdo como si fuera hoy mi sentimiento de ira. Mi voz imperativa. Y sé ahora que no era la voz de un director. Era la voz de impotencia del marido y hombre. Era mi rabia hacia vos... Un sentimiento totalmente personal que no tenía nada que ver con la película.

I remember my feeling of anger as if it were today. My imperative voice. I know now it was not the voice of the

**director. It was the voice of of the husband and man in helplessness. It was my anger towards you... A totally personal feeling that had nothing to do with the film.**

ULLMAN

Recuerdo perfectamente ambas situaciones y en ambas mi pensamiento fue "¿Cómo se puede hacer esto a tu esposa?" El punto de giro de nuestra relación fue aquella vez que tanto nos peleamos porque yo llegué media hora tarde de ver a mis amigas. Ese único día, los miércoles, que tenía permiso para salir y divertirme con la gente de mi edad. Tomar un whiskey e ir a la peluquería. Era mi día de salida de la prisión. ¿Te acordás que llena de miedo me encerré en el baño? Vos te quedaste afuera golpeando y pateando la puerta tratando de entrar. De pronto vi horrorizada, que tu pie atravesaba la puerta como una bala de cañón, dejando un enorme agujero en la puerta y con tal fuerza que se salió tu zapato que fue a parar al inodoro. Como decís siempre, la vida es tragedia y comedia siempre entremezcladas. Lo que ahora recuerdo como un paso de comedia fue un paso de tragedia que cambió para siempre nuestra relación. De pronto apareció el miedo. Y ya no se fue nunca más.

**I perfectly remember both situations and in both my thought was: "How can you do this to your wife?" The turning point of our relationship was when we fought so much because I was half an hour late after seeing my friends in the island. That one day, Wednesdays, when I was allowed to go out and have fun with people my age. Have a whiskey and go to the hairdresser. It was my day out of prison. Do you remember that full of fear I locked myself in the bathroom? You stayed outside banging and kicking the door trying to get in. Suddenly I saw, horrified, that your foot went through the door like a cannon ball, leaving a huge hole in the door and with such force that your shoe came off and ended up in the flush. As you always say, life is tragedy and comedy**

**always intermingled. What I now remember as a step of comedy was a step of tragedy that forever changed our relationship. Suddenly fear appeared, and never left.**

## BERGMAN

Liv, además de ese paso de comedia en el baño hemos hecho juntos todos los pasos de baile que se puedan imaginar: pasión, ternura, amor, chifladura, traición, ira, comicidad, hastío, enamoramiento, mentiras, alegría, nacimientos, celos, adulterios, lágrimas, erotismo, catástrofes, triunfos, disgustos, insultos, peleas. Ahora, si dejamos que se instale el miedo, sólo nos quedará el silencio.

**Liv, in addition to that comedy step in the bathroom, we have done together all the dance steps you can imagine: passion, tenderness, love, madness, betrayal, anger, comedy, boredom, falling in love, lies, joy, births, jealousy, adulteries, tears, eroticism, catastrophes, triumphs, disappointments, insults, fights. Now, if we let fear set in, the rest will be silence.**

## ULLMAN

Cada vez que volvía, en el tiempo establecido, estabas de pie, mirando el reloj, junto a esas vallas que construiste para que no se escaparan las ovejas, pero que habían convertido a nuestra casa en una prisión. Ahí despareció mi adoración y me di cuenta de que tu pelo era gris, que eras mucho mayor que yo, aunque muy inteligente y estimulante, y que eras también vanidoso y egoísta. De pronto dejé de estar ciega antes tus fallas y debilidades como había sucedido tanto tiempo, pero mi respeto y comprensión sin embargo aumentaron. Qué raro ¿no? Cuanto más comprendo tus imperfecciones mayor cariño te tengo. Estábamos tan juntos que nuestro destino es seguir separados cada uno por su camino. Ahora seguimos unidos por la distancia.

Every time I came back, at the established time, you were standing, looking at the clock, next to those fences you built to keep the sheep from escaping, but turned our house into a prison. There my adoration vanished and I realized that your hair was gray, that you were much older than me, although very intelligent and stimulating, and that you were also vain and selfish. I was suddenly no longer blind to your flaws and weaknesses as I had been for so long, but my respect and consideration nevertheless increased. How strange, right? The more I understand your imperfections, the more affection I have for you. ¡We were so much together! But now our fate is to part away following each one on our own path. We are still united by distance.

## BERGMAN

Somos personas de buena voluntad con una herencia catastrófica de exigencias desmedidas, mala conciencia y sentimientos de culpabilidad. No tenemos los mejores ingredientes para intentar ser felices.

We are people of good will with a catastrophic heritage of excessive demands, bad conscience and feelings of guilt. We don't have the best ingredients to try to be happy.

## LIV ULLMAN

La ruptura interior sucedió durante ese viaje a Roma, cuando me mandaste primero para que sacara la ropa de las valijas, la ordenara en los placards y acondicionara la habitación para que quede acogedora y hogareña para cuando vos llegaras. La protesta empezó a incubar dentro mío hasta que explotó y decidí que nuestra relación había llegado a su fin. Fue ese día que te anuncié que tenías que mudarte y tomar otra habitación. Mientras te lo decía tu cara se transformó en aquella que tenias en las fotos del colegio en la que parecías inconsolable y perdido en la vida. Fui entonces que fui a nuestro lugar en la iglesia de San Pedro y te mandé la carta de despedida. ¿La conservás todavía?

**The internal break-up happened during that trip to Rome, when you sent me first to take the clothes out of the suitcases, organize them in the closets and prepare the room so that it would be cozy and homely for when you arrived. The anger began to simmer inside me until it exploded and I decided that our relationship was over. It was that day that I announced that you had to move and take another room. While I was telling you, your face transformed into the one you had in the school photos in which you seemed inconsolable and lost in life. It was then that I went to our place in the church of San Pedro and sent you the farewell letter. Do you still have it?**

### BERGMAN

Tengo todas tus cartas. Ordenadas por fecha. Son el testimonio de un fuego apasionado que nos fundió en una sola persona. Una grandiosa equivocación que me llevó a construir la casa pensando en una vida en común en la isla. Olvidé preguntar tu opinión. Es un olvido que luego pagamos con mucho dolor, con mucho sufrimiento. Sin embargo te quedaste varios años. Luchamos contra nuestros demonios lo mejor que pudimos.

**I have all your letters. Sorted by date. They are the testimony of a passionate fire that melted us into a single person. A huge mistake that led me to build the house thinking about a life together on the island. I forgot to ask your opinion. It is an oversight that we later had to pay for with a lot of pain and suffering.**

**However, you still stayed for several years. We fought our demons the best we could.**

**ULLMAN**

Solo ahora, después de años puedo sentarme a observarte, a experimentarte como persona y como individuo. Como alguien que existe fuera de tu relación conmigo. Ahora sé que toda tu vida está dedicada a buscar y encontrar a tu madre. Al amor de tu madre. A encontrar brazos para abrazarte, sin exigencias, sin complicaciones. Un amor incondicional. Recién ahora puedo percibir tu tremenda inseguridad, se me empezó a ir el miedo y mi soledad empezó a ser más fácil de soportar. Me siento embargada por tu ternura y tus violencias e injusticias ya dejaron de ser tan importantes para mí. Sólo ahora que todo está definitivamente terminado, siento que podemos ser amigos. Recién ahora empiezo a ser independiente, a dejar de aferrarme a vos.

**Only now, after so many years, can I sit and observe you, can I experience you as a person and as an individual. As someone who exists outside of our relationship. Now, I know that your whole life is dedicated to searching and finding your mother, the love of your mother. To find arms that will hug you, without demands, without complications. An unconditional love. Only now, when I can perceive your tremendous insecurity, my fear began to go away and my loneliness began to be easier to bear. I feel overwhelmed by your tenderness and your violence and injustices are no longer so important to me. Only now that everything is definitely over, I feel like we can be friends. Only now I´m starting to be independent, not clinging to you.**

**BERGMAN**

Seremos amigos. Siempre amigos. Mientras estemos vivos.
No te volveré a perder otra vez.

**We will be friends. Always friends. As long as we are
alive. I won't lose you again.**

## ULLMAN

Estoy en calma. Nada de lo que me hagas o digas me puede
herir. Me estoy preparando para ser tu amiga. Estoy
consiguiendo que mi felicidad no dependa de los demás.
Debo encontrarla dentro de mí. Ahora la felicidad dejo de
ser absoluta y dejó de ser lo más importante. Lo único.
Cuando aparece bien. Cuando no aparece hay otras cosas en
mi vida que me interesan. Siento que la amargura y el odio
se están yendo. Pude mirar dentro tuyo y ver que pronto
habrá de aparecer una mujer que podría acompañarte de la
manera que yo no pude. Siento que hemos estado
dolorosamente conectados y que ahora que el dolor se ha
ido podríamos ser amigos. Espero no equivocarme.

**I am calm. Nothing you do or say to me can hurt me
now. I'm getting ready to be your friend. I am making
my happiness not depend on others. I must find it
within me. Now happiness is no longer absolute and is
no longer the most important thing. The only thing.
When it appears, it is OK. When it doesn't, there are
other things in my life that interest me. I feel how the
bitterness and hatred are leaving. I was able to look
inside you and see that soon a woman will appear who
would be with you in the way that I couldn't. I feel like
we've been painfully connected and now that the pain
is gone, we could be friends. I hope I'm not wrong.**

## BERGMAN

Sé que te propusieron el papel de Cristina en "Los
emigrantes". Te irás lejos. Conocerás gente y lugares.

Espero que vuelvas algún día. No como mujer mía sino como actriz y como amiga.

**I know you were offered the role of Cristina in "The Emigrants". You will go away. You will meet people and places. I hope you come back one day. Not as my wife but as an actress and as a friend.**

### LIV ULLMAN

Mientras te escribo esta carta, miro a Linn que está hablando contigo por teléfono. Estamos las dos unidas a vos por la distancia. Miro a Linn y me doy cuenta que toda la responsabilidad es mía ahora. Aunque sabemos que podemos contar contigo, pero sólo como acompañante, sin responsabilidad directa. Cuando nació nuestra hija supe que ella estaría siempre conmigo en el mundo. No te puedo explicar la enorme sensación de seguridad que apareció dentro mío. Siempre tuve claro que vos querías y debías vivir tu propia vida, cerca de nosotras pero sin nosotras. Sabía que debía darle a mi hija seguridad y ternura. ¿Pero cómo podría hacerlo si yo misma no recibía ninguna de las dos cosas en cantidad suficiente? Aquella vez que Linn tenía apenas 4 semanas, estaba con cólicos y no paraba de llorar. Te sentaste en la cama, te desvestiste, le sacaste la ropita a Linn, la colocaste sobre tu estómago desnudo y se calmó. Así abrigados por el calor mutuo, se quedaron dormidos los dos. ¡Cómo te amé ese día!

**As I write this letter to you, I look at Linn who is talking to you on the phone. We are both united to you by distance. I look at Linn and realize that all the responsibility is mine now. Although we know that we can count on you, but only as a companion, without direct responsibility. When our daughter was born, I knew she would always be with me in this world. I can't explain to you the enormous feeling of security that sprung inside me. It was always clear to me that you**

wanted and should live your own life, close to us but without us. I knew I had to give my daughter security and tenderness. But, how could I do it if I myself did not receive either of those when I needed them? I recall when Linn was just 4 weeks old, she was colicky and wouldn't stop crying. You sat on the bed, undressed, took off Linn's clothes, placed her on your bare stomach and she calmed down. Then, sheltered by the mutual warmth, you both fell asleep. How did I love you that day!

## BERGMAN

Liv, no soy el padre que debería ser. Quiero tener hijos, pero no puedo ocuparme de ellos. Los demonios no me dejan. Lo intento y lo seguiré intentando. Es otro tema en el que estoy endeudado contigo.

**Liv, I'm not the father I should be. I want to have children but I can't take care of them. The demons won't leave me. I try and I will continue trying. I am indebted to you in this matter.**

## ULLMAN

La primera noche después de haber nacido Linn me acosté en la cama y sentí que ya ningún peligro en el mundo podría alcanzarme a partir de esa noche. En la soledad de la isla, a menudo era una madre nerviosa e impaciente. Vos, que estabas sentado en su estudio y me querías para vos solo. En exclusividad. Y Linn, que apenas podía caminar, me gritaba desde el otro lado de la casa pidiendo mi presencia. Yo corría de un lado para el otro, siempre con sensación de culpa.....nunca fui capaz de proporcionar lo que quería cada uno de los dos.

**The first night after Linn was born, I laid in bed and felt that no danger in the world could reach me from that night on. In the solitude of the island, I was often a**

nervous and impatient mother. You were sitting in your study and you wanted me all to yourself. In exclusivity. And Linn, who could barely walk, yelled at me from the other side of the house asking for my presence. I ran from one place to the other, always feeling guilty... I was never able to provide each of you what you wanted.

**BERGMAN**
Un flash con Lynn. Cuando cumplí 60 la casa en Faro estaba llena de amigos y parientes. En un momento la tomé a Linn de la mano, tenía 9 años, y nos fuimos caminando a la orilla del mar. Le pregunté qué iba a hacer ella cuando cumpla sesenta. Linn piensa un momento y me dice "pienso hacer también una fiesta, pero sólo con amigos, sin parientes, Aunque probablemente invite a mi mamá que vendría como ex actriz, una mujer muy vieja y de conversación muy tonta. La miro asombrado y la pregunto "Pero ¿y tu padre? Viniste a mi fiesta cuando cumplí los sesenta.¿ No me vas a invitar a la tuya dentro de cincuenta años?" Linn piensa un poco y después se ríe aliviada y me dice "O papá. Tendré mi fiesta y cuando llegue a su fin, y todos estén bailando, bebiendo y comiendo, vendrá sola hasta la orilla del mar, y entonces vos te acercarás bailando sobre la cresta de las olas".

A flash with Lynn. When I turned 60 the house in Faro was full of friends and relatives. At one point I took Linn by the hand, she was 9 years old, and we walked to the seashore. I asked her what she was going to do when she turned sixty. Linn thinks for a moment and tells me, "I also plan to have a party, but only with friends, without relatives, although I will probably invite my mother who would come as a former actress, a very old woman with a very stupid conversation. I look at her amazed and ask her, "But what about your father? You came to my party when I turned sixty. Aren't you going to invite me to yours? In fifty years? Linn thinks a little and then she laughs with relief and

**tells me "Oh dad. I will have my party and when, and everyone is dancing, drinking and eating, I will come alone to the seashore, and then you will come dancing on the crest of the waves."**

### ULLMAN

¿Linn piensa que voy a vivir 50 años más? En la soledad de la isla fui siempre una madre insatisfecha, nerviosa y malhumorada. Vos estabas encerrado en tu estudio, trabajando, y yo descargaba sobre Lynn mis desilusiones y mis desesperanzas. Entonces, llena de culpa y de mala conciencia me convertía en la esclava de mi marido y de mi hija. Corría de un lado al otro de la casa sin poder dar completamente lo que tanto ansiaba recibir. ¡Tantas veces que la dejé a cargo de otra persona! Sé que nunca podré hacer lo suficiente para enmendar el daño que le he hecho. Mis elecciones no fueron para su beneficio. Todo lo contrario. ¿Qué recuerdos y experiencias yacen enterrados ahora dentro de ella? ¿Cómo la marcarán cuando crezca y sea grande? ¿Aparecerán miedos e inseguridades? ¿Tendrá añoranzas que nunca podrá satisfacer? Porque lo que pasa en la primera niñez no puede ser remediado luego, nos marca para siempre...

**Does Linn think I'm going to live 50 more years? In the solitude of the island, I was always a dissatisfied, nervous and moody mother. You were locked in your study, working, and I unloaded my disappointments and despair on Lynn. Then, full of guilt and bad conscience, I turned myself into the slave of my husband and my daughter. I ran from one side of the house to the other without being able to fully give what she so longed to receive. So many times I left her in someone else's care! I know I can never do enough to make amends for the damage I have done to her. My choices were not for her benefit. Quite the opposite. What memories and experiences now lie buried within**

**her? How will these experiences mark her when she grows up and gets big? Will fears and insecurities appear? Will she have longings that she will never be able to satisfy? Because what happens in early childhood cannot be remedied later, it marks us forever...**

## BERGMAN

No te dejes perseguir por la mala conciencia y por la culpa. No lo tenés merecido. Somos los mejores padres que podemos ser. Lo mismo que le pasó a nuestros padres y a los padres de nuestro padres. Así son las cosas.

**Do not let yourself be persecuted by a bad conscience and guilt. You don't deserve it. We are the best parents we can be. The same thing that happened to our parents and our parents' parents. That´s the way things are.**

## ULLMAN

Te escribo desde Hollywood, la ciudad más loca del mundo. Como sabrás vine por diez días al estreno de "Los Emigrantes", pero ahora no me puedo ir. Me inundan de ofertas, la gente me sonríe por todos lados, me dan la bienvenida, abren sus casas, me dan la fruta de sus árboles y me las ponen en mi mano de niña, asombrada y boquiabierta...Me instalaron en una enorme casa con 5 cuartos de baño, pileta de natación, casa de huéspedes. El baño solo es más grande que mi departamento de Oslo. El inodoro está construido en lo alto, como si fuera un trono que preside sobre el resto del mundo. Me siento arriba de mi trono y creo entender a Lady Macbeth. El mundo desde un trono es completamente distinto. El sueño de toda mujer es ser princesa, pero aquí me siento una reina. Me llevan y me traen en limusina, me quieren cortar el pelo, maquillarme, vestirme, comprarme zapatos y carteras, miles de otros regalos y todo a cargo del Estudio. Me niego a todo y luego de insistir un poco me dejan en paz. Quieren convertirme en una estrella mundial, en la nueva Greta Garbo. Todo es desmesurado y fuera de escala. Es realmente un Mundo Nuevo. No parece estar a 7.000 Km de Oslo, sino que está en otra galaxia. Mi productor me pide que trate de "evitar la imagen Bergman" porque asusta al público. Lo expulsa de los cines. Salgo a cenar con estrellas. Todas me dicen "te amo" con la misma facilidad con que piden al mozo una botella más de vino. Todo es "casual". Nosotros en Noruega para decir "te amo" lo pensamos durante mucho tiempo y tenemos que estar muy seguros. Cuando me hablan pareciera que repiten los guiones de las películas en las que han actuado.

**I'm writing to you from Hollywood, the craziest city in the world. As you know, I came for ten days to the premiere of "The Emigrants", but now I can't leave. They flood me with offers, people smile at me everywhere, they welcome me, they open their houses, they give me the fruit from their trees and they put them in my hand, a girl amazed and open-mouthed... They set me in a huge house with 5 bathrooms, swimming pool, guest house. The bathroom alone is bigger than my Oslo apartment. The toilet is built high up, as if it were a throne presiding over the rest of the world. I sit atop my throne and think I now can understand Lady Macbeth. The world from a throne is completely different. Every woman's dream is to be a princess, but sitting here I feel like a queen. They drive me around in a limousine, they want to cut my hair, put my makeup on, dress me up, buy me shoes and purses, thousands of other gifts and everything at the Studio's expense. I refuse everything and after insisting a little they leave me alone. They want to make me a world star, the new Greta Garbo. Everything is excessive and out of scale. It is truly a New World. It does not seem to be 7,000 km from Oslo, but rather it is in another**

galaxy. **My producer asks me to try to "avoid the Bergman image" because it scares the audience. It expels people from the theaters. I go out to dinner with stars. They all say "I love you" to me with the same ease with which they ask the waiter for another bottle of wine. Everything is "casual". We in Norway think about saying "I love you" for a long time and we have to be very sure. When they talk to me it seems like they are repeating the scripts of the movies in which they have acted.**

## BERGMAN

Fijate en Hollywood si podés encontrar en una caja fuerte los 2 minutos que le sacaron a "Persona" para poder estrenar. Son esos 2 minutos de sexo que los americanos no pueden ver. Son como chicos que no pueden ni quieren aceptar las cosas como son. No te dejes llevar por sus cantos de sirenas. Pronto se sacarán la máscara y los verás como realmente son.

**Search in Hollywood if you can find in a safe the 2 minutes they took from the film "Persona" before the release. It's those 2 minutes of sex that Americans can't see. They are like kids who cannot and do not want to accept things as they are. Don't get carried away by their siren songs. Soon they will take off their masks and you will see them as they really are.**

## ULLMAN

Todo parece mentira, artificial. Hollywood es una gigantesco decorado, todos las objetos son utilería y todas las personas son personajes que dicen frases clichés de un mal guión que todos han memorizado. Hollywood es la soledad junto a la piscina. Aquí la gente no vive, participa de una puesta en escena. ¿Quién será el regisseur? Creo que la vanidad. Esta ciudad es una feria de vanidades. Todos me

37

preguntan por vos. Quieren que vengas. Por suerte volveré
pronto a Noruega.

**Everything seems fake, artificial. Hollywood is a
gigantic set; all the objects are props and all the people
are characters who say cliché phrases from a bad script
that everyone has memorized. Hollywood is solitude by
the pool. Here people do not live, they participate in a
staging. Who would be the regisseur? I think vanity.
This city is a vanity fair. Everyone asks me about you.
They want you to come. Luckily, I will return to Norway
soon.**

## BERGMAN

Nos quejamos y deprimimos por nuestro largo y frío
invierno sin sol. Pero parece que el sol de California
también te resulta deprimente. No hay un clima que nos
haga felices. Hacer películas en América parece muy
tentador. Pero vos sabes bien como trabajamos, siempre
con las mismas personas, controlando todos los aspectos
creativos del trabajo, sin visitas del estudio. ¿Podría yo
trabajar de esa manera en América? No lo creo. El
productor en América es un personaje con mucho poder. No
podría filmar tranquilo. Para no hablar del problema de
filmar en inglés. Si en sueco tantas veces tenemos
problemas en encontrar la palabra justa, no puedo imaginar
cómo sería hacerlo en inglés. Filmar una película es
organizar un universo. Uno adentro del film y el otro afuera,
en el equipo de actores y técnicos que se forma para poder
hacer la película. En la estructura del estudio de Hollywood
no podría hacerlo.

**We complain and become depressed about our long,
cold, sunless winter. But it seems that the California sun
is also depressing for you. There is no climate that
makes us happy. Making movies in America seems very
tempting. But you know well how we work, always with**

the same people, controlling all the creative aspects of the work, without interferences from the studio. Could I work that way in America? I don't believe it. The producer in America is a character with a lot of power. I wouldn´t be able to film peacefuly.. Not to mention the problem of filming in English. If in Swedish we so often have trouble finding the right word, I can't imagine what it would be like to do it in English. Filming a movie is organizing a universe. One inside the film and the other outside, within the team of actors and technicians that is formed to make the film. In the Hollywood studio structure, I couldn't do it.

**ULLMAN**
Hoy me llamó Henry Kissinger desde la Casa Blanca para invitarme a acompañarlo a una fiesta en Los Ángeles. También va a concurrir el presidente Richard Nixon. Es el año de gloria de Kissinger y todo el mundo quiere conocerlo.
Una amiga de Noruega quiere simular que es mi secretaria personal para tener la oportunidad de hablar con él. Está viajando especialmente. De Noruega llegó una carta de una oficina gubernamental pidiendo que quieren que informe algo relacionado con el tema de petróleo. Yo, que ni sabía que en Noruega habíamos descubierto petróleo. De Suecia llega otra carta de un político pidiendo que desmienta ante Kissinger haber formulado las declaraciones que salieron en los diarios. Llegan cartas anónimas con amenazas de todo tipo. El teléfono no para de sonar. Lo escondo debajo de almohadas y almohadones para no escucharlo. Vino el Servicio Secreto y revisó toda mi habitación para asegurarse que no había ninguna bomba escondida. Es la primera vez que salgo con un desconocido y estoy muy nerviosa. Ya me he cambiado de vestido 3 veces. Cada uno que me pongo me parece más feo que el anterior. Un periodista noruego vino especialmente desde Oslo y quiere disfrazarse de camarero para conocer a Kissinger. Le

contestamos que el puesto ya está ocupado. Mi "supuesta secretaria" y yo, mientras esperamos planeamos la velada. Cómo debo servir el vino, hablar de petróleo como quien no quiere la cosa, responder a las preguntas que me formulan y básicamente, quedarse callada. Tocan la puerta y aparece él. Más chiquito que yo. Ahí me di cuenta que había elegido los zapatos equivocados. Salgo al pasillo y un grupo de hombres con rostros serios me examinan con curiosidad. Hablan todos entre ellos con micrófonos adosados a las orejas. Entro en un coche blindado a prueba de bombas y vidrios inastillables. ¡Qué noche! Nunca estuve tan lejos de casa.

**Today Henry Kissinger called me from the White House to invite me to go with him to a party in Los Angeles. President Richard Nixon will also attend. It's Kissinger's glory year and everyone wants to meet him. A friend from Norway wants to pretend to be my personal secretary so she can have the opportunity to talk to him. She is traveling especially. A letter came from Norway from a government office asking that they want me to inform him about something related to the oil issue. I didn't even know that we had discovered oil in Norway. From Sweden comes another letter from a politician asking Kissinger to deny having made the statements that appeared in the newspapers. Anonymous letters arrive with threats of all kinds. The phone doesn't stop ringing. I hide it under pillows and bolsters so I don't hear it. The Secret Service came and searched my entire room to make sure there were no hidden bombs. It's my first time going out with a stranger and I'm very nervous. I have already changed my dress 3 times. Each one I wear seems uglier than the prevoius. A Norwegian journalist came specially from Oslo and wants to dress up as a waiter to meet Kissinger. We replied that the position is already filled. My "supposed secretary" and I, while we wait, plan the**

evening. How should I serve the wine, talk about oil like someone who doesn't want to, answer the questions they ask me and basically stay silent. They knock on the door and he appears. Smaller than me. That's when I realized that I had chosen the wrong shoes. I go out into the hallway and a group of men with serious faces examine me curiously. They all talk to each other with microphones attached to their ears. I get into a bomb-proof armored car with shatterproof glass. What a night! I was never so far away from home.

## BERGMAN

Aquí en Faro acaba de empezar la larga lucha entre invierno y primavera: Hoy es un día de luz intensa, vientos suaves y resplandecientes espejos. Tu ausencia es siempre una presencia. Te digo lo que decía Strindberg cuando se enojaba: "Anda con cuidado". Mientras vos vivís en baños que tienen un trono, yo lo hago con un baño portátil a cuestas. Mi vientre nervioso no me da respiro. Mis intestinos sabotean mis esfuerzos con una refinada e inagotable riqueza inventiva. Si mi cuerpo decidió por mi alma o el alma influyó en el cuerpo no lo sé, pero el malestar físico se está haciendo cada vez más difícil de dominar. Ahora albergo al demonio mal intencionado en el centro más sensible del cuerpo. He decidido de que era yo y no él quien mandaba sobre mis actos. A veces funciona, pero otras veces no. No encuentro la medicina en su punto justo. A veces es demasiado potente y me seca y a veces actúa demasiado tarde. Quedaré en la historia como el director de teatro con baño portátil.

Here in Faro the long fight between winter and spring has just begun: Today is a day of intense light, soft winds and shining mirrors. Your absence is always a presence. I tell you what Strindberg said when he got angry: "Be careful". While you live in bathrooms that have a throne, I do it with a portable toilet in tow. My nervous belly does not give me respite. My intestines sabotage my efforts with a refined and inexhaustible wealth of invention. Whether my body decided for my soul or the soul influenced the body I do not know, but the physical discomfort is becoming more and more difficult to master. Now I harbor the ill-intentioned demon in the most sensitive center of the body. I have decided that it was me and not him who was in charge of my actions. Sometimes it works, but other times it doesn't. I don't find the medicine at the right point. Sometimes it is too powerful and dries me out and sometimes it acts too late. I will stay in history as the theater director with the portable toilet.

### ULLMAN

Otra salida con Kissinger. Esta vez acompaño a Kissinger una cena con Nixon y Brezhnev en la embajada soviética. Al día siguiente se va a firmar un pacto muy importante. Estoy sentada entre el embajador ruso y Kissinger. Estoy asombrada por todo lo que sucede ante mis ojos. Miro y trato de entender lo que pasa en esta sagrada fraternidad masculina. Todos actúan con pompa y con aires de gran importancia. Parece que son conscientes de que el destino del mundo está en sus manos. Brezhnev se acerca, me toma mi mano entre las suyas tan grandes y me dice que le encantó "Los emigrantes". Gracias a Dios que no tengo responsabilidad política porque soy muy vulnerable a los elogios. Nixon sentado parece muy pequeño. Su cara es casi igual a su pecho. El maquillaje de la cara se le derrite. Se ha corrido la pintura de su rostro y parece un estupendo personaje trágico de alguna de tus películas, quizás "El último sello". Lástima que no es mejor actor. Todos comemos caviar aerotransportado, bebemos vodka aerotransportado, servidos por camareros aerotransportados que serán aerotransportados y devueltos apenas termine el banquete. El acuerdo debiera firmarse mañana, pero por lo que entiendo, todavía hay temas a resolver. Siguen negociando. ¿Es posible que nuestro futuro y el futuro de la humanidad se decida a la hora de los postres? Todo parece un inmenso juego de salón donde todos juegan sus fichas, inclusive los periodistas, cuando hacen reportajes y escriben sus crónicas. Todo tratan de manipular las situaciones para quedar bien parado en la percepción de los demás. Actores de una puesta en escena donde el teatro es el mundo entero.

**Another outing with Kissinger. This time I went with him to a dinner with Nixon and Brezhnev at the Soviet embassy. The next day a very important pact will be signed. I'm sitting between the Russian ambassador and Kissinger. I am amazed by everything that happens before my eyes. I look and try to understand what happens in this sacred male fraternity. Everyone acts with pomp and fanfare. It seems that they are aware that the fate of the world is in their hands. Brezhnev comes over, takes my hand in his big ones and tells me that he loved "The emigrants". Thank God I have no political responsibility because I am very vulnerable to compliments. Nixon sitting down looks very small. His face is huge. The makeup on his face melts. The paint has smeared on his face and he looks like a wonderful tragic character from one of your movies, perhaps "The last seal". Too bad he's not a better actor. We all eat airborne caviar, drink airborne vodka, served by airborne waiters who will be airborne and returned as soon as the banquet is over. The agreement should be signed tomorrow, but from what I understand, there are still issues to be resolved. They continue negotiating. Is it possible that our future and the future of humanity will be decided at dessert time? Everything seems like an immense parlor game where everyone plays their chips, even journalists, when they report and write their chronicles. They all try to manipulate situations to look good in the perception of others.**

**Actors in a staging where the theater is the entire world.**

## BERGMAN

Menos mal que no tuviste que firmar el acuerdo. Sería un peligro para la seguridad del mundo. Aquí poco a poco voy encontrando un equilibrio. Vivir ya no me atormenta. Amo el universo que aparece durante la filmación de una película. Un universo de gran intimidad, donde todos compartimos el mismo objetivo y creamos una realidad nueva, diferente. Dos realidades. Una que es el universo concentracionario que se crea en el grupo de filmación y la otra es la realidad que creamos en la película, en el celuloide. Este verano voy a hacer una película y me gustaría que participes. Dirigir mujeres es más divertido Todo lo es. He escrito un papel pensado en vos. Es un personaje que te encaja perfecto. ¿Estarías dispuesta? Dolorosamente tuyo. Ingmar.

**Thank goodness you didn't have to sign the agreement. It would be a danger to the world´s security. Here little by little I am finding a balance. Living no longer torments me. I love the universe that appears during the filming of a movie. A universe of great intimacy, where we all share the same objective and create a new, different reality. Two realities. One is the concentration universe that is created in the filming group and the other is the reality that we create in the film, on the celluloid. This summer I'm going to make a movie and I would like you to be in it. Directing women is more fun. Everything is. I have written a part with you in mind. She is a perfect character for you. Would you be willing? Painfully yours. Ingmar.**

## ULLMAN

Extraño las filmaciones contigo. He pasado demasiadas horas de mi vida completamente dedicada a hacer lo que yo creía que los otros esperaban de mí. El miedo a herir, el miedo a la autoridad, la necesidad de amor, me llevaron a situaciones de gran sufrimiento personal. He reprimido mis propios deseos y esperanzas., siempre ansiosa de agradar. He hecho lo que se esperaba de mí. Siempre temerosa de no agradar, de herir los sentimientos de los demás, de destruir mi fachada de niña buena. Creo honestamente, que conociendo el alma humana como la conocés, como lo has demostrado en tus películas y en tus reflexiones durante las filmaciones, te has abusado de mis debilidades. Pero ya he aprendido. No me volverá a suceder. Y espero que a vos tampoco. Los dos aprendimos que eso no nos sirve. Disfruto mucho la posibilidad de tomar mis propias decisiones. Incluso cuando me equivoco, disfruto intensamente trabajar, enojarme, llorar, reír, vivir. Finalmente me siento la dueña de mi propia vida. Sólo responsable ante mí misma. De pronto me apareció una riqueza interior, que es ahora mi mejor amiga. Puedo permitirme ahora ser yo misma, para bien o mal. Aprendí que el marido es una coartada para las mujeres que no quieren enfrentarse consigo misma. Una manera de evitar su propia realidad. He nacido otra vez. Esta vez en el mundo real. Y desde el mundo real que contesto que sí. Que quiero volver a ser tu actriz nuevamente. Podés contar conmigo.

**I miss filming with you. I have spent too many hours of my life completely dedicated to doing what I thought others expected of me. The fear of hurting, the fear of authority, the need for love, led me to situations of great personal suffering. I have repressed my own desires and hopes, always eager to please. I have done what was expected of me. Always afraid of not being liked, of hurting other people's feelings, of destroying my good girl facade. I honestly believe that knowing the human soul as you do, as you have shown in your films and in your reflections during filming, you have taken advantage of my weaknesses. But I have already**

learned. It won't happen to me again. And I hope you don't either. We both learned what doesn't work for us. I really enjoy the possibility of making my own decisions. Even when I make mistakes, I intensely enjoy working, getting angry, crying, laughing, living. I finally feel like the owner of my own life. Only responsible to myself. Suddenly an inner wealth appeared before me, which is now my best friend. I can now allow me to be myself, for better or worse. I learned that the husband is an alibi for women who don't want to face themselves. A way to avoid her own reality. I have been born again. This time in the real world. And from the real world my answer is: yes. I want to be your actress again. You can count on me.

## BERGMAN

Justo ahora que el mundo comenzaba a ordenarse ...de pronto la noche cayó. Un grupo de burócratas me acusa de evasión de impuestos. Miedo. Angustia. Vergüenza. Condenado de antemano. Sometido de repente a la deshonra pública. Y los papeles están en orden. He pagado lo que debía pagar. Los personas responsables de llevar los papeles son intachables. Este asunto de los impuestos me destruyó. Entré en colapso nervioso. Me llevaron al hospital psiquiátrico de Carolino, luego a la clínica Silvia y finalmente a la casa de Faro. Tres meses después admitieron el error, pero el daño ya estaba hecho. No puedo vivir más en mi país. Me iré a vivir a Munich, a Alemania. Reaparecen los miedos de mi infancia. He hecho algo malo. No sé lo que hice pero me siento culpable, Condenado de antemano, sin apelación posible. La angustia me revuelve el estómago, como si tuviese un gato ahí adentro. Las mejillas me arden con una extraña fiebre que hace 40 años no tengo. Si al menos pudiera hacer culpar a esos burócratas sagaces que me están haciendo esto. Pero no, se trata de gente que hace su trabajo, igual que yo hago el mío. Reacciono como un chico de siete años que piensa que los jueces son infalibles. Porque durante mi infancia un niño de 7 años estaba siempre equivocado.

**Just now that the world was beginning to come into order...suddenly darkness fell upon me. A group of bureaucrats accuse me of tax evasion. Fear. Distress. Shame. Condemned in advance. Suddenly subjected to public disgrace. And the papers are in order. I have paid what I had to pay. The people responsible for keeping the papers are blameless. This tax thing destroyed me. I went into a nervous breakdown. They took me to the Carolino psychiatric hospital, then to the Silvia clinic and finally to Faro's house. Three months later they admitted the mistake, but the damage had already been done. I can't live in my country anymore. I'm going to live in Munich, Germany. The fears of my childhood reappear. Have I done something wrong? I don't know what I did, but I feel guilty, condemned in advance, without possible appeal. The anguish makes my stomach turn, as if I had a cat in there. My cheeks burn with a strange fever that I haven't had in 40 years. If only I could put the blame on those clever bureaucrats who are doing this to me. But no, these are people doing their jobs, just like I do mine. I react like a seven-year-old child who thinks judges are infallible. Because during my childhood a 7-year-old boy was always wrong.**

**ULLMAN**

Es así la infancia. Nos marca para siempre. Crecer es dejar atrás ese lastre. Estoy ya en New York para hacer de Nora en "Casa de Muñecas" durante 4 meses en el Lincoln Center de Nueva York. Es la tercera vez que hago esta obra. En Broadway otra vez me siento una reina. Me despiertan a la mañana con el desayuno en la cama, me saludan con reverencias en todo el trayecto al teatro. Cuando llueve o nieva alguien con un paraguas me acompaña. A la salida hay mucha gente esperando para un autógrafo. Pero tengo claro que el éxito no se encuentra en todo esto. Está en otro lado. No se puede esperar nada de esta clase de éxito. Con Nora que espero saber cuánto de ese lastre de la infancia he logrado tirar por la borda, qué clase de mujer soy hoy. Nora es un buen instrumento para calibrar mi paisaje interior. Cuando me fui de Faro y corté nuestra relación era Nora con la valijita dejando el hogar familiar. Ahora ha pasado el tiempo y cuando estoy con un hombre ahora, me sucede al revés que antes... Veo los hombres más débiles y asustados con mi fuerza. Siento que soy Nora 10 años después de haber abandonado su casa. Cuando actúo como Nora, desaparezco, dejo de observarme y Nora se desenvuelve sola, no necesita mi ayuda. Como en la cita Zen, la tela deja de necesitar un tejedor y se teje a sí misma. Espero que vengas a verme. Aunque sé lo que te cuesta tomar un avión.

**That's childhood. It marks us forever. Growing up is leaving that burden behind. I'm already in New York to play Nora in "Doll's House" for 4 months at Lincoln Center in New York. It is the third time I have done this play. On Broadway I feel like a queen again. They wake me up in the morning with breakfast in bed, they greet me with bows all the way to the theater. When it rains or snows someone with an umbrella accompanies me. At the exit there are many people waiting for an autograph. But I am aware that success is not to be found in all this. It's somewhere else. You can expect nothing from this kind of success. With Nora I hope to know how much of my childhood burden I have managed to throw overboard, and what kind of woman I am today. Nora is a good instrument to gauge my inner landscape. When I left Faro and ended our relationship, I was Nora with the suitcase leaving the family home. Now, time has passed and when I am with a man, the opposite happens to me. I see men weaker and scared of my strength. I feel like I am Nora 10 years after**

leaving her house. When I act on stage like Nora, I disappear, I stop observing myself and Nora gets around on her own, and she doesn't need my help. As in the Zen quote, the cloth stops needing a weaver and it weaves itself. I hope you come to see me. Although I know how hard it is for you to take a plane.

**BERGMAN**
No es sólo el viaje en avión, es también la ciudad. Si cualquier ciudad me abruma en impresiones y sensaciones, New York me abruma aún mucho más. Será un viaje rápido para verte y regresar inmediatamente, con verdadero alivio, a mi isla.

**It's not just the plane ride, it's also the city. If any city overwhelms me with impressions and sensations, New York overwhelms me even more. It will be a quick trip to see you and return immediately, with real relief, to my island.**

**ULLMAN**
Hacer Nora en inglés es un gran desafío. Las palabras nunca parecen entregar el mismo significado. Debo pensar e imaginar todo en Inglés cuando todo mi trabajo anterior fue en noruego o sueco. Si no logro hacerlo la obra no funcionará. Debo adquirir un nuevo imaginario, nuevas imágenes que me sirvan aquí. Nora en Nueva York no puede ser igual a Nora en Oslo. Encima nos dan 3 semanas para ensayar, cuando en Noruega nos dan ocho, y en mi propio idioma. Acaban de estrenar "Escenas de la vida conyugal" Quería compartir la película con el público norteamericano. Hago una larga cola para comprar entradas. Durante la proyección me sentí muy orgullosa. El público se conmueve. Fue maravillosos sentir su reacción en la oscuridad, como escondida mirando a través del ojo de la cerradura.

Playing Nora in English is a great challenge. Words never seem to deliver the same meaning. I have to think and imagine everything in English when all my previous work was in Norwegian or Swedish. If I can't do it, the performance will not work. I must acquire a new imaginary, new images that can be useful here and now. Nora in New York cannot be the same as Nora in Oslo. On top of that, we have 3 weeks to rehearse, when in Norway we have eight, and in my own language. "Scenes from Married Life." was just released. I wanted to share the film with the North American public. I stood in a long line to buy tickets. During the screening I felt very proud. The public was moved. It was wonderful to feel their reaction in the darkness, as if hidden looking through the keyhole.

## BERGMAN

Verte como Nora me ayudó a comprender como la Liv que yo conocí ha dejado de ser la niña de la que me enamoré y está en camino de convertirse en una mujer parada en sus sentimientos y en sus pensamientos. Una mujer que está dejando atrás los lastres de la infancia y la adolescencia. Ahora sé cómo hubiera sido Nora diez años después de la última escena, cuando Nora se despide con su valijita en la mano. ¿Sabías que Ibsen escribió un nuevo final para el estreno de la obra en Alemania? En esa versión Nora se queda en casa. Si Nora abandonaba la casa los alemanes no la querían estrenar.

Seeing you as Nora helped me understand how the Liv I knew has stopped being the girl I fell in love with and is on the way to becoming a woman anchored in her feelings and thoughts. A woman who is leaving behind the burdens of childhood and adolescence. Now I know what Nora would have been like ten years after the last scene, when Nora says goodbye and you leave with your suitcase in your hand. Did you know that Ibsen wrote a

**new ending for the play's premiere in Germany? In that version Nora stays at home. If Nora left the house, the Germans would not want accept the play.**

## ULLMAN

Te agradezco tanto que hayas venido, mi querido Ingmar. Dabas la impresión de estar tan fuera de tu ambiente, te veías mucho más vulnerable que de costumbre, en medio del tráfico, de los rascacielos, de tanto ruido. Tan lejos de la rutina y la tranquilidad de Faro y tus pacíficos paseos por la playa. Seguís despertando la madre que hay en mí. Como cuando tenía 25 años, y no sabía nada de ti. Terminó "Casa de Muñecas" y Nora me dio su informe de cómo están las cosas. Cuando era pequeña me enseñaron a ser buena y a callar cuando estaba con los adultos. Me enseñaron a lavar los platos, las ollas y a cocinar. Se esperaba que yo llegara a ser una esposa agradable, cuidase de mi marido, tuviera hijos y jamás me divorciara. Y de pronto, cuando tenía diecisiete años, la liberación femenina invadió mi pueblo natal. Apareció entonces otra versión: que una verdadera mujer debía comportarse según sus necesidades y cualidades. Así fue que tuve que revisar todas las creencias que había aprendido. Cuando me fui de Faro y de nuestro matrimonio empecé a dejar de lado todos los mandatos familiares heredados y los sociales impuestos por la sociedad. Ahora estoy en un camino individual, apoyada en mi propia sensibilidad y en mi propio cuerpo, aprendiendo a ser la mujer que quiero ser. Estoy muy feliz que lo hayas percibido en mi versión de Nora. Porque ahora Nora soy yo.

**I thank you so much for coming, my dear Ingmar. You gave the impression of being so out of your element, so much more vulnerable than usual, in the middle of the traffic, the skyscrapers, so much noise. So far from the routine and tranquility of Faro and your peaceful walks on the beach. You continue to awaken the mother in me. Like when I was 25, and didn't know anything**

about you. I finished the run of "A Doll's House" and Nora gave me her report on how things are going. When I was little, they taught me to be good and to keep quiet when I was with adults. They taught me how to wash the dishes, the pots and how to cook. I was expected to become a nice wife, take care of my husband, have children, and never get divorced. And suddenly, when I was seventeen, women's liberation invaded my hometown. Then another version appeared: that a real woman should behave according to her needs and qualities. So, I had to review all the beliefs I had learned. When I left Faro and our marriage, I began to put aside all the inherited family and social mandates imposed by society. Now I am on my individual path, supported by my own sensitivity and my own body, learning to be the woman I want to be. I am very happy that you perceived it in my version of Nora. Because now Nora is me.

**BERGMAN**

Me retiro del cine. Voy a hacer mi última película y dedicarme luego a la escritura y al teatro. Creo que se va a llamar "Fanny & Alexandre". Cuento contigo, como siempre. Hacer películas requiere un trabajo físico espiritual y mental tan intensos que me deja exhausto. Lo único que justificaba tanto esfuerzo era la posibilidad de generar emociones en el otro. Sacudirlo en su comodidad. Obligarlo a pensar. Pero ahora ya no es suficiente. Además empecé a odiar cuando dicen "otra película de Bergman". No me gusta cuando Fellini cuando hace una película de Fellini o cuando Kurosawa hace una película de Kurosawa.. Me miró en el espejo y pienso. "Que ha pasado en realidad para que Bergman empiece a hacer películas de Bergman?" Ya no lo puedo hacer más. Los primeros años de mi vida instalaron en mí tantos demonios...hacer películas fue mi forma de lucha en la vida para expulsarlos. He sido un director agresivo, autoritario, iracundo. Era la reacción originada en mi inseguridad. Ahora que los demonios ya me han abandonado. ¿Qué sentido tiene seguir? El cine ha sido mi amante, exigente, caprichosa y cansadora, pero en cambio el teatro es una fiel esposa. Ya es tiempo de dejar de tener amantes y ser fiel a mi esposa.

**I'm retiring from cinema. I'm going to make my last film and then dedicate myself to writing and to theater. I think it's going to be called "Fanny and Alexandre". I'm counting on you, as always. Making films requires such intense physical, spiritual and mental work that it leaves me exhausted. The only thing that justifies so much effort is the possibility of generating emotions in the other. Shake their comfort zone. Force people to think. But now it's not enough. I also started to hate when people say "another Bergman film." I don't like when Fellini makes a "Fellini film" or when Kurosawa makes a "Kurosawa film". I look myself in the mirror and think. What really happened with Bergman to start making "Bergman films"? I can't do it anymore. The first years of my life installed so many demons in me...and making films was my way of fighting in life to expel them. I have been an aggressive, authoritarian, angry director. It was a reaction originating from my insecurity. Now that the demons have abandoned me, what's the point of continuing? Cinema has been my lover, demanding, capricious and tiring, but theater is a faithful wife. It's time to stop having lovers and be faithful to my wife.**

### ULLMAN

Cada vez tengo más dudas de que el teatro, de que ser actriz sea mi verdadera profesión. No puedo seguir representando a otros. Quiero ser yo, quiero encontrarle un sentido a la vida. Jugar a ser otro no puede ser el sentido que estoy buscando. Ya empiezo a sentir añoranza de mi pasado... pero al mismo tiempo quiero abrir mi vida y que me pasen otras cosas. No quiero repetir toda la vida el mismo repertorio. Quiero reevaluar mi trabajo. No deseo únicamente un público. Deseo que lo que haga importe. Quiero merecer la supervivencia.

**I have more and more doubts about my career in theater, even being an actress as my true profession. I can't continue representing others. I want to be me; I want to find meaning in life. Playing someone else cannot be the meaning I am looking for. I'm already starting to feel homesick for my past... but at the same time, I want to open my life and let other things happen to me. I don't want to repeat the same repertoire my entire life. I want to reevaluate my work. I don't just want an audience. I want what I do to matter. I want to deserve survival.**

**BERGMAN**

De pronto la borrachera de convierte en resaca y la cabeza duele. Qué notable esta conexión que tenemos... estamos como sincronizados .. Me sucede de tanto en tanto que me dan ganas de dejar el teatro. Después desaparecen y quiero seguir. Se trata de crear ilusiones y sentimientos que parezcan verdaderos. Inducir a los actores a mostrar sentimientos que los espectadores experimenten como reales. Así es nuestra profesión...Empieza a ser difícil para mí... Siento una especie de aversión.

**Suddenly, drunkenness turns into a hangover and the head hurts. How remarkable this connection we have... we are in sync... It happens to me from time to time that I feel like leaving the theater. Then, this feeling fades and I want to continue. It's about creating illusions and feelings that seem true. Induce actors to show feelings that viewers experience as real. That's our profession... It's starting to be difficult for me... I feel a kind of aversion.**

54

## ULLMAN

En la búsqueda de nuevos horizontes, después de muchos
años de negarme, he aceptado colaborar con la UNICEF. Me
convocaron a su oficina en New York y me ofrecieron ser su
primera embajadora de buena voluntad. Tengo que viajar a
los países subdesarrollados para observar los programas de
bienestar infantil que reciben la ayuda de la UNICEF, visitar
a las familias pobres y conocer sus necesidades y sus
circunstancias. De regreso a New York, debo contar mis
observaciones, mis experiencias y mi comprensión de la
problemática de los niños y de sus necesidades. Me enteré
que todos los días 40.000 niños mueren por falta de comida,
agua y medicinas. Siempre estaré en deuda con la
organización de UNICEF. ¿Qué sucedió entre lo que soy y lo
que era? Simplemente el tiempo. Tengo ahora la necesidad
de ser portavoz de los niños y de los pobres, de los que no
tienen voz para expresar sus necesidades.. Una mujer me
ofreció su hijo para salvarlo del hambre. Yo soy ahora esa
misma mujer.

**In search of new horizons, after many years of refusing,
I have agreed to collaborate with UNICEF. They
summoned me to their office in New York and offered
me to be their first goodwill ambassador. I have to
travel to underdeveloped countries to observe child
welfare programs supported by UNICEF, visit poor
families and learn about their needs and
circumstances. Returning to New York, I must tell my
observations, my experiences and my understanding of
the problems of children and their needs. I found out
that every day 40,000 children die from lack of food,
water and medicine. I will always be indebted to the
organization UNICEF. What happened between the
person I am and the person I was? Just time. I now have
the need to be a spokesperson for children and the
poor, for those who do not have a voice to express their**

**needs... A woman offered me her son to save him from hunger. I am now that very same woman.**

**BERGMAN**

Sin duda hay cosas más importantes que se pueden hacer para el otro, que no sean películas. Pero no podría hacer lo que mismo que vos. Sigo escribiendo con placer. Para mí. No bajo la severa mirada de la eternidad. Y me digo "¿Acaso pueden unos actores y actrices que llevan una vida normal expresar el doble dolor de Hamlet, la ambición desenfrenada de Lady Macbeth, los enloquecidos celos de Otelo, la tremendas ansias de libertad de Nora? En mi caso para seguir viviendo he atado a mis demonios adelante del carro de combate. Los he obligado a ser utiles. En mi vida personal esos demonios me han humillado y avergonzado, como bien lo sabés. Pero, el dueño de un circo de pulgas permite que de vez en cuando las pulgas le chupen la sangre. Me he dado cuenta de que el juego con los dioses y los demonios está llegado definitivamente a su fin. Es la fatiga de la vida.

**Without a doubt, there are more important things that can be done for others, other than movies. But I couldn't do what you do. I continue writing with pleasure. For me. Not under the harsh gaze of eternity. And I say to myself, "Can actors and actresses who lead a normal life express Hamlet's double pain, Lady Macbeth's unbridled ambition, Otelo's mad jealousy, Nora's tremendous desire for freedom? In my case, to keep living I have tied my demons in front of the battle charriot. I have forced them to be useful. In my personal life, those demons have humiliated and embarrassed me, as you well know. But, the owner of a flea circus allows the fleas to suck his blood from time to time. I have realized that the game with gods and demons is definitely over. It is the fatigue of life.**

## ULLMAN

Ahora me doy cuenta los actores somos niños jugando. Es increíble que los adultos nos tomen seriamente. Inclusive construyen edificios gigantescos para que podamos jugar adentro. Los teatros son nuestra sala de juegos. Nuestro gazebo. Estoy empezando a sentir que lo que hago en el teatro o en el cine es un engaño. Me cuesta mover los pies de un lado al otro del escenario. Laurence Olivier me dijo una que vez que con frecuencia sentía lo mismo cuando recitaba un texto. Que le costaba mucho esfuerzo y que mientras decía cada línea se preguntaba si recordaría la línea siguiente. Quizás sea un problema de la madurez. Quizás sea el conocimiento y la conciencia que viene con los años. Estoy filmando esta película en Noruega y siento que la necesidad de suspender por un tiempo la actuación y realizar un cambio en mi vida es más intensa que nunca. Quiero salir por la puerta y seguir con mi camino. Luego doblar en una esquina sin saber adónde me conducirá. No quiero llegar al fin de mi vida y cuando alguien me pregunte que hice con ella y me vea obligada a decir "Representé la vida de otros".

**Now I realize we actors are children playing. It's amazing that adults take us seriously. They even build gigantic buildings so we can play inside. Theaters are our game room. Our gazebo. I'm starting to feel that what I do in the theater or in the cinema is a deception. I have a hard time moving my feet from one side of the stage to the other. Laurence Olivier once told me that he often felt the same way when he recited a text. That it took him a lot of effort and that as he said each line he wondered if he would remember the next line. Maybe it's a maturity problem. Maybe it's the knowledge and awareness that comes with age. I'm filming this movie in Norway and I feel the need to put acting on hold for a while and make a change in my life is more intense than ever. I want to walk out the door and continue on my**

**way. Then, turn a corner not knowing where it will lead me. I don't want to reach the end of my life and when someone asks me what I did with it and say: "I represented the lives of others."**

## BERGMAN

Mi madre ha muerto luego de tener un ataque al corazón, el tercero. Yo no estuve allí. Me contó la enfermera que la internaron, pero mi madre no quiso que me avisaran. "Está tan ocupado. Déjenlo en paz" Cuando finalmente la enfermera me llamó fui para allá, pero ya estaba muerta cuando llegué a su lado.  Estoy muy triste. "¡Ahora no tengo a nadie!"

**My mother has died after having a heart attack, the third one. I was not there. The nurse told me that she was hospitalized, but didn't want them to tell me. "He's so busy. Leave him alone". When the nurse finally called me, I went but she was already dead when I got to her side. I'm very sad. "Now I have no one!"**

## ULLMAN

Sé lo que tu madre significaba en tu vida. Qué pena que no haya podido acompañarla en sus últimos instantes. El sentimiento de compasión que tenía antes se ha visto modificado gracias a UNICEF. Visitando a los realmente necesitados pude conocer la verdadera compasión. No la que se siente representando un personaje sino la que duele verdaderamente. La descubro en los viejos y en los niños, en las relaciones y en la soledad. La busco en mí misma y la encuentro en mi dolor. Ya no deseo volver a las antiguas rutinas y rechazo todos los papeles que me ofrecen. Me digo que ya no tengo la motivación, pero la verdad es que no quiero perder el contacto con el sentido de la realidad y con la compasión que despertó esa gente a la cual seguramente jamás podré volver a ver. Nuevamente, mis más sentidas condolencias. Estoy contigo en tu dolor.

**I know what your mother meant in your life. What a pity that you could not stay with her in her last moments. The feeling of compassion I had before in my life has been modified thanks to UNICEF. By visiting those truly in need I was able to know true compassion. Not the one that feels like representing a character but the one that truly hurts. I discovered it in the elderly and in children, in relationships and in loneliness. I look for it in myself and find it in my pain. I no longer want to return to the old routines and I reject all the roles offered to me. I tell myself that I no longer have the motivation, but the truth is that I don't want to lose contact with the sense of reality and with the compassion that was awakened by those people whom I will surely never be able to see again. Again, my deepest condolences. I am with you in your pain.**

**BERGMAN**

Ordenando las cosas de mi madre encontramos en sus papeles un diario que había escrito durante toda su vida, sin que nosotros lo supiéramos. Empecé a leer el diario esperando leer las diarias humillaciones de la esposa de un pastor severo y autoritario y encontré que mi madre había tenido un amante que era un pastor joven ayudante de mi padre. Que mi madre haya tenido un amante, y que ese amante haya sido el asistente de mi padre, y que ese romance haya durado tantos años, es un hecho que ha re significado toda mi vida. Es la revelación, la anagnórisis de Aristóteles. El evento que cambia toda una vida. ¿Quizás los demonios que ocuparon mi alma son los demonios que querían negar los amores extramatrimoniales de mi madre con un amigo de mi padre? ¿Con un amigo de nuestra familia?

**Sorting out my mother's things, I found in her papers a diary that she had written throughout her life, without**

**us knowing. I began to read the diary expecting to find the daily humiliations of the wife of a harsh and authoritarian pastor and I found that my mother had had a lover who was a young assistant pastor of my father. My mother had a lover, and that lover was my father's assistant, and that romance lasted so many years, is a fact that has changed my entire life. This is the revelation, the anagnorisis of Aristotle. The event that changes a whole life. Perhaps the demons that occupied my soul are the demons that wanted to deny my mother's extramarital affairs with a friend of my father? With a friend of our family?**

**ULLMAN**
Estoy realmente Impactada. Se puede conocer a una persona toda la vida e ignorar partes esenciales de su existencia. Pareciera que los demonios que se habían alejado se están acercando nuevamente.

**I'm really shocked. You can know a person your whole life and ignore essential parts of their existence. It seems that the demons that had moved away are getting closer again.**

**BERGMAN**
Veo mi infancia, mi familia y mi vida de otra manera. Ahora comprendo la desesperación de mis padres. La familia de un pastor vive como en un escaparate, expuesta a todas las miradas. La casa tiene que estar siempre abierta. La crítica y los comentarios de los feligreses son constantes ¿Mi padre lo sabía? Quizás mis constantes infidelidades en mi juventud se hayan originado en ese mismo hecho. Esta infidelidad de mi madre me persigue ahora día y noche. Para desprenderme de ella quiero hacer lo que siempre he hecho: una película Estoy terminando el guión y me gustaría que la dirigieras vos. Se llama "Confesiones verdaderas". El dilema que planteo en la película es: ¿Qué

60

tiene que hacer una mujer infiel? ¿Convivir con la mentira o contar la verdad y aceptar las consecuencias?

**I see my childhood, my family and my life in a different way. Now I understand my parents' desperation. The family of a shepherd lives in a shop window, exposed to all eyes. The house must always be open. Criticism and comments from parishioners are constant. Did my father know? Perhaps my constant infidelities in my youth originated from that same fact. This infidelity of my mother now haunts me day and night. To get rid of it, I want to do what I have always done: a film. I am finishing the script and I would like you to direct it. It's called "True Confessions". The dilemma I pose in the film is: What is an unfaithful woman to do? Live with the lie or tell the truth and accept the consequences?**

### ULLMAN

Lo que hay que preguntar es por qué una mujer tiene la necesidad de ser infiel. ¿Revancha? ¿Venganza? Una vez que la infidelidad se pone en marcha el final ya no será bueno. Haga lo que haga no le irá bien. Quedo a la espera de tu guión.

**What you have to ask is why a woman has the need to be unfaithful. Revenge? Once infidelity starts the end will not be a good one. Whatever they do, it won't go well. I'm waiting for your script.**

### INGMAR BERGMAN

Los recuerdos de mi niñez son cada vez más vívidos, exactos en sus detalles, en su color, en su luz y en sus aromas. Puedo reconstruir mi niñez en todos sus detalles. Mis recuerdos son como los restos de filme que quedan en el piso en pleno montaje. Cuando empecé a trabajar en el cine era un novato que no entendía nada sobre los detalles técnicos. Todos los que decían querer ayudarme eran un obstáculo para lo que yo quería hacer. Decidí aprender toda la técnica para hacer lo que yo quería hacer. Lo mismo quise hacer con el alma humana. Saber cómo funciona para poder tener una vida sin dañar a la gente que amo. Creo que lo he conseguido. Los demonios me han abandonado. Mi vida ha sido un exorcismo. En ese proceso han pasado 50 años. Hemos siempre estado dolorosamente conectados. Nuestra relación está a punto de terminar porque uno de los dos se está yendo. Soy yo. A mí me toca primero. Como debe ser. Estoy convertido en un dinosaurio. Viejo y ahora olvidado. Ahora.la moda es negar la autoria de los filmes. Todo lo contrario de lo que pasaba hacer 50 años. La rueda de la vida avanzó 180 grados. Estaba arriba y ahora estoy abajo. Y con esa negación mis peliculas dejan de ser interesantes. Me estoy yendo de esta vida como payaso cansado en la pista del circo, aburrido de mi propio aburrimiento, silbado, abucheado, o cortésmente silenciado, apartado de las marquesinas por manos bondadosas. En esta etapa de mi vejez me sumerjo en mis recuerdos para revivir cortos instantes, brillantes, como ese pescador de perlas que se sumerge en las profundidades a retirar las perlas y subir rápidamente porque se ha quedado sin aire. A veces subo con perlas, otras veces con las manos vacías.

**The memories of my childhood are increasingly vivid, exact in their details, in their color, in their light and in their aromas. I can reconstruct my childhood in all its details. My memories are like the remains of film left on the floor during editing. When I started working in film, I was a novice who didn't understand anything about the technical details. Everyone who said wanted to help me was an obstacle to do what I wanted to do. I decided to learn all the technique to do what I wanted . I wanted the same with the human soul. Knowing how it works so I can have a life without harming the people I love. I think I have got it. The demons have abandoned me. My life has been an exorcism. 50 years have passed in this**

process. We have always been painfully connected. Our relationship is about to end because one of us is leaving. It's me. It's my turn first. As it should be. I'm turned into a dinosaur. Old and now forgotten. Now the fashion is to deny the authorship of the films. Quite the opposite of what happened 50 years ago. The wheel of life advanced 180 degrees. I was up and now I'm down. And with that denial my movies stopped being interesting. I am leaving this life like a tired clown on the circus ring, bored with my own boredom, hissed, booed, or politely silenced, removed from the marquees by kind hands. In this stage of my old age, I immerse myself in my memories to relive short, brilliant moments, like that pearl diver who ventures into the depths to retrieve the pearls and come up quickly because he has run out of air. Sometimes I go up with pearls, other times with empty hands.

## LIV ULLMAN

Yo también he comenzado a añorar mi juventud. Aquellos tiempos en que todo era posible. Estoy a la búsqueda de aquella niñez, de aquellos tiempos en que los sueños y la realidad se entrelazaban. Pienso en todas las opciones que jamás conocí. Y en aquellas opciones en que acepté que otros decidan por mí, para complacer, por temor, por amor o por cobardía. ¿Adónde fueron todas aquellas opciones que nunca elegí? Son todas parte de lo que soy. Son la herencia que dejo detrás mío, de una realidad que ya no puedo modificar porque es muy tarde. Tenías razón cuando aquella vez en la isla nos sentamos en una roca, miramos el mar y me dijiste "Tuve un sueño anoche. Tú y yo estaremos dolorosamente juntos. "En ese mismo lugar construimos nuestra casa que cambiaría tu vida y la mía.
Pensé en ese momento: "Esto es un sueño. Estoy participando del sueño de otra persona " Empecé a vivir mi vida como si fuera de otra persona hasta que pude volver a ser yo misma. Sé que vos nunca aprobaste estos viajes, ni

tampoco mis excursiones a Hollywood y Broadway. Tanto te agradezco no haberme cuestionado nunca nada. Por haber comprendido que necesitaba hacerlo. Por haber aceptado que Nora necesitaba abrir la puerta y salir al mundo. Siempre supe que ser amigos no iba a ser fácil y así fue. Han pasado casi 50 años y de alguna manera sigo contigo, y seguiré hasta el final.

**I too have begun to long for my youth. Those times when everything was possible. I am in search of that childhood, of those times when dreams and reality were intertwined. I think of all the options I never explored. And of those options I took and accepted that others made decisions for me, to please, out of fear, out of love or out of cowardice. What happened to all those options I never picked? They are all part of who I am. They are the inheritance that I leave behind me, of a reality that I can no longer modify because it is too late. You were right when on the island we sat on a rock, looked at the sea and told me "I had a dream last night. You and I will be painfully together." In that very same place we built our house that would change your life and mine. I thought then: "This is a dream. I am participating in someone else's dream." I began to live my life as if it belonged to someone else until I could be myself again. I know you never approved of my ventures, nor of my excursions to Hollywood and Broadway. I thank you so much for never questioning me about anything. For having understood that I needed to do it. For having accepted that Nora needed to open the door and go out into the world. I always knew that being friends was not going to be easy and so it was. Almost 40 years have passed and somehow, I am still with you, and I will continue so until the end.**

**INGMAR BERGMAN**

El miedo nos hace buscar una imagen salvadora y esa imagen es Dios. Pero no he de ceder a la tentación. Ni siquiera en este momento extremo. Cuando era joven, tenía mucho miedo de morir, pero ahora pienso que es un arreglo muy sabio. Es como dijo Lytton Strachey en su lecho de muerte: "Si esto es morir no es gran cosa. No veo por qué tanto escándalo". Es como una luz que se extingue. La creatividad y la sexualidad desaparecen lentamente. No creo en Dios, pero la cosa no es tan sencilla. Todos llevamos un Dios dentro de nosotros. No pertenezco a ninguna iglesia y no espero de Dios ninguna redención ni una vida eterna. Soy mi propio Dios. Me doy mis propios ángeles y mis propios demonios. Pero Dios sigue atormentando mi sangre y me acerca turbias insinuaciones. Más viejo me pongo más soy incapaz de dominar mi desagrado, mi odio a Dios y a Jesucristo. Sobre todo a Jesucristo, que me repugna con su tono, su babosa comunión y su sangre. Dios no existe, nadie puede demostrar que exista. ¡Y si existe es un Dios claramente desagradable, mezquino, rencoroso y arbitrario, eso es lo que es Dios! Los hombres de mi edad se acercan a Dios como póliza de seguro en caso de que exista una vida en el más allá. No aceptaré ese soborno. No cambiaré de idea por si acaso.

**Fear makes us look for a savior and we usually pick God. But I must not give in to temptation. Not even in this extreme moment. When I was young, I was very afraid of dying, but now I think it is a very wise arrangement. As Lytton Strachey said on his deathbed: "If this is dying, it's no big deal. I don't see why there's such a fuss." It's like a light that goes out. Creativity and sexuality slowly disappear. I don't believe in God but the thing is not that simple. We all have a God within us. I do not belong to any church and I do not expect from God any redemption or eternal life. I am my own God. I give myself my own angels and my own demons. But God continues to torment my blood and brings me**

**murky insinuations. The older I get, the more I am unable to control my displeasure, my hatred of God and Jesus Christ. Above all, Jesus Christ, who disgusts me with his tone, his slimy communion and his blood. God does not exist, no one can prove that he exists. And if he exists, he is clearly nasty, petty, spiteful and arbitrary, that is what God is! Men of my age approach God as an insurance policy in case there is an afterlife. I won't accept that bribe. I won't change my mind just in case.**

## LIV ULLMAN

Se me están aflojando los pechos y el trasero. Todo aquello por lo que tanto trabajé en el gimnasio se está perdiendo. La niña que aún está en mi rostro, algún día ya cercano no se podrá percibir más. Me levantaré y el espejo me devolverá el rostro de una vieja mujer. Hay cosas que no puedo modificar. He nacido, estoy a merced de las mareas del mar. Soy una ola, y como todas las restantes, tarde o temprano romperé contra las rocas. Eso es lo inevitable.

**My breasts are loosening, and also my butt. Everything I worked so hard for in the gym is being lost. The girl who is still in my face, one day soon will no longer be there. I will get up and the mirror will show me the face of an old woman. There are things that I can't modify. I have been born; I am at the mercy of the tides of the sea. I am a wave, and like all others, sooner or later I will break against the rocks. That is inevitable.**

## BERGMAN

He tenido 9 hijos. No he sido un buen padre. Yo lo sé. Vos lo sabés. En una pelea con uno de mis hijos, ya no me acuerdo cuál, le dije "Yo sé que he sido un mal padre". Y él me respondió "¿Mal padre? Ojalá lo hubieras sido. Directamente no has sido un padre". Como decía Strindberg "La vida es corta cuando se acaba, pero puede ser larga mientras dura". Ya empieza a ser corta para mí. Aquí estoy en mi lecho de muerte. Acostado y sin fuerzas para levantarme. Me recuerda la última escena de Anita Ekberg en "La Dolce Vita" que se desarrollaba en un coche que estaba en el estudio. Una vez filmada la escena, con la que terminaba su papel en la película, se echó a llorar y se negó a abandonar el coche agarrándose al volante. Tuvieron que utilizar una suave violencia para sacarla del estudio.

**I have had 9 children. I haven't been a good father. I know it. You know it. In a discussion with one of my sons, I don't remember which one, I told him, "I know I've been a bad father." And he answered me, "Bad father? I wish you had been. You have not been a father at all! As Strindberg said, "Life is short when it ends, but it can be long while it lasts." It's already starting to be short for me. Here I am on my deathbed. Lying down and without strength to get up. It reminds me of Anita Ekberg's last scene in "La Dolce Vita", which took place in a car that was in the studio. Once the scene was filmed, which ended her role in the film, she burst into tears and refused to leave the car holding onto the steering wheel. They had to use mild violence to remove her from the studio.**

*(Por primera vez en la obra Bergman se da vuelta y la mira a Ullman)*

***(For the first time in the play, Bergman turns around and looks at Ullman)***

Espero volver a verte, "Porque, ¿quieres saber una cosa, Liv? Tú eres mi Stradivarius ".Aquí en la Tierra y en la Eternidad.

**I hope to see you again, "Because, you know something Liv? You are my Stradivarius". Here on Earth and in Eternity.**

**ULLMAN**
MI Ingmar querido. Estoy tomando el avión para ir a la isla. Espero llegar a tiempo para abrazarte. Es maravilloso ser el Stradivarius de un director como vos. Creo que es el mayor elogio que he recibido en mi vida.

**My dear Ingmar. I'm boarding the plane to go to the island. I hope I'm in time to hug you. It's wonderful to be the Stradivarius of a director like you. I think it's the biggest compliment I've ever received in my life.**

*Por primera vez en la obra Ullman se da vuelta y mira a Bergman.*

**For the first time in the play Ullman turns and looks at Bergman.**

Me diste una nueva vida. No fue sólo una unión dolorosa. Fue también una unión llena de gracia.

**You gave me a new life. It wasn't just a painful union. It was also a union full of grace.**

*Ullman y Bergman se levantan de sus sillas, se acercan y se confunden emocionadamente en un abrazo .*

**Ullman and Bergman get up from their chairs, approach each other and embrace each other overwhelmed by emotions.**

# FIN

# END